Ludwig Geiger

Goethe in Frankfurt am Main

Ludwig Geiger

Goethe in Frankfurt am Main

ISBN/EAN: 9783741100468

Hergestellt in Europa, USA, Kanada, Australien, Japan

Cover: Foto ©Thomas Meinert / pixelio.de

Manufactured and distributed by brebook publishing software
(www.brebook.com)

Ludwig Geiger

Goethe in Frankfurt am Main

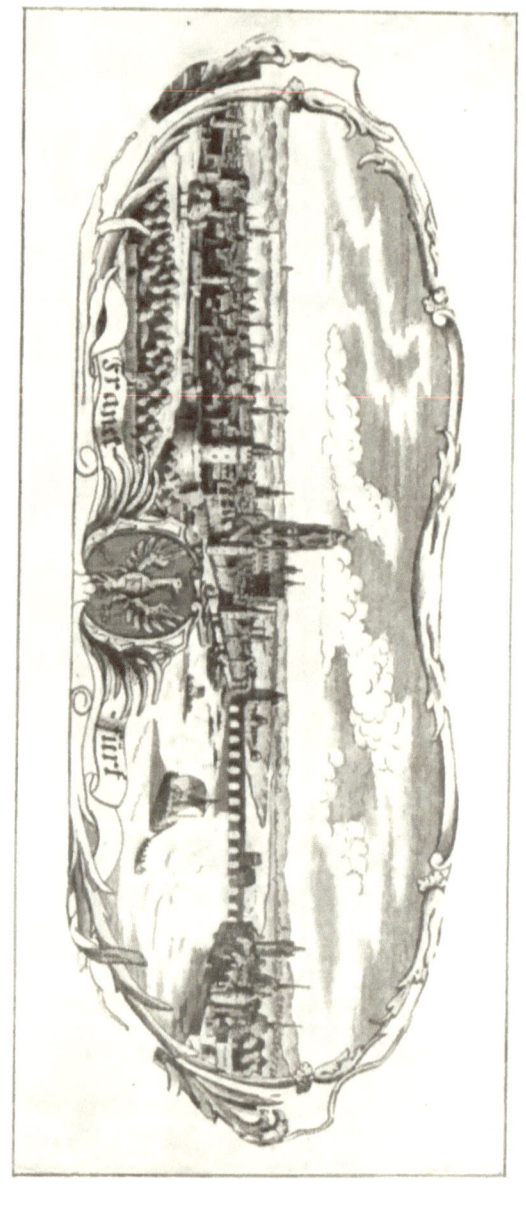

Frankfurt a. Main

nach einem Stiche von 1795.

Goethe in Frankfurt am Main
1797.

Aktenstücke und Darstellung

von

Ludwig Geiger.

Mit 8 Abbildungen von Frankfurter Oertlichkeiten, Kunstwerken und Personen aus Goethes Kreis.

Frankfurt a. M.
Literarische Anstalt
Rütten & Loening.
1899.

Vorwort.

Die nachfolgende Studie ist eine Festschrift zur Erinnerung an Goethes 150. Geburtstag. Sie wendet sich gleichzeitig an die Liebhaber Frankfurter Geschichte und an die Verehrer Goethes. Beiden bietet sie die genaue Darstellung eines kleinen Abschnittes aus Goethes Leben: eine Schilderung des Aufenthalts, den Goethe vom 3.—25. August 1797 in Frankfurt nahm. Sie zerfällt in zwei Haupttheile, einen kleineren urkundlichen und einen bei Weitem größeren darstellenden Theil. Jener enthält aus der großen Weimarer Ausgabe, die sich schon ihrer Ausdehnung halber nur in den Händen eines kleineren Publikums befindet, die damals geschriebenen Briefe Goethes und seine Tagebuch-Aufzeichnungen; dieser versucht, soweit es angeht, alles in diesen Quellen Erörterte oder Angedeutete darzustellen und zu erklären und so ein genaues Bild der vielseitigen Interessen zu geben, die Goethe damals erfüllten, der Umgebung und der Personen, inmitten deren er sich bewegte. Eine derartige Darstellung muß, da es sich in ihr um eine kurze Zeit und um einen örtlich begrenzten Raum handelt, ins Detail gehen. Der Verfasser hofft aber, bei dieser Behandlung des Kleinen nicht ins Kleinliche gerathen zu sein, sondern den Freunden der Frankfurter Lokalgeschichte und den Verehrern des Dichters, die auch die Einzelvorgänge in seinem Leben ihrer Theilnahme würdigen, einen beachtenswerthen Beitrag geboten zu haben.

Eine solche Studie war nur möglich durch freundliche Beihülfe von Fachgenossen und Kennern. Weimar und Frankfurt, die beiden Städte, die sich zur Begehung des Festes vom 28. August die Hand reichen, sind auch hier gemeinsam thätig gewesen. Ich bin Herrn Geheimen

Hofrath Ruland, dem Director des Goethe-National-Museums, und Herrn Geheimen Hofrath Suphan, dem Director des Goethe- und Schiller-Archivs, beide in Weimar, für manche freundliche Belehrung Dank schuldig. Durch vielfache Gefälligkeiten unterstützte mich Herr von Nathusius-Neinstedt von der Frankfurter Stadtbibliothek, indem er mir bei mehrtägigem Aufenthalt daselbst in bereitwilliger und kenntnißreicher Weise das Material zur Benutzung verschaffte. Herr Director Cornill vom Historischen Museum suchte einen Theil der bildlichen Beigaben aus und gab die Erlaubniß zu ihrer Reproduktion. Das Gleiche that Herr Director Weißsäcker vom Städelschen Museum, der mir zugleich Aufklärung über das Schicksal und die gegenwärtige Benennung der von Goethe beschriebenen Bilder verschaffte. Vor Allen aber gewährte mir Herr Stadtarchivar Dr. R. Jung über Frankfurter Lokalitäten und Personen reichliche Mittheilungen, die ich meist wörtlich unter Anführung seines Namens benutzte und unterzog sich auch der Mühewaltung, die Druckbogen dieses Werkchens durchzusehen. Allen diesen Herren sage ich für die mir so bereitwillig gespendete Unterstützung herzlichen Dank und würde mich freuen, wenn sie die Ausführung dieses Buches als eine dieser Unterstützung nicht unwerthe bezeichnen könnten.

Berlin, d. 15. Juli 1899.

Ludwig Geiger.

Inhaltsverzeichniß.

I. Briefe Goethe's.

5.—24. August 1797.

1.

An J. H. Meyer.

Ich will Ihnen, mein lieber Freund, nur geschwind vermelden daß ich in Frankfurt glücklich mit den Meinigen angekommen bin. In diesen ersten Tagen bin ich nur beschäftigt diesen Fremblingen alles zu zeigen, da sie Montags den 7. schon wieder abreisen.

Ihre lieben Briefe von 20. und 26. Juli habe ich zu meiner größten Freude angetroffen. Wie tröstlich ist es wenn man einander wieder so nahe ist und sich geschwinde mittheilen kann. Wir wollen ja keine große Distanzen wieder zwischen uns legen.

Der Beyfall, den Sie meinem Gedichte geben, ist mir unendlich schätzbar, denn der Menschenmahler ist eigentlich der competenteste Richter der epischen Arbeit. Die nachfolgenden Bogen sollen hoff' ich noch vor mir bey Ihnen eintreffen. Ich habe diese Arbeit mit vieler Sorgfalt und völligem Bewußtseyn, obgleich in kurzer Zeit, fertig gebracht. Eben so freut es mich daß ich Ihnen mit meinen Ideen über Laokoon entgegen komme. Vielleicht schicke ich Ihnen noch einen Aufsatz über unvollkommnere, in einem gewissen Sinne bedeutende, und leider für unsere Zeit verführerische Kunstwerke. Doch ich will darüber nichts voraus sagen. Ich lege noch eine Arbeit bey die für unsern diesjährigen Almanach bestimmt ist.

Für heute nichts weiter, denn ich bringe keine Ideen zusammen. Sobald meine kleine Hausgenossen weg sind und ich mich nun

von allem rückwärts noch mehr abgelöst fühle, so schreibe ich
weiter. Laſſen Sie mich indeſſen von ſich immer etwas hören
und beſonders die beſten Nachrichten von Ihrer Geſundheit.

Franffurt den 5. Auguſt 1797.   G.

2.

An den Herzog Carl Auguſt.

Frandfurt d. 8. Aug. 97.

Zum erſtenmale habe ich die Reiſe aus Thüringen nach dem
Mainſtrome durchaus bey Tage, mit Ruhe und Bewußtſeyn gemacht und das deutliche Bild der verſchiedenen Gegenden, ihrer
Charaktere und Übergänge war mir ſehr lebhaft und angenehm,
auch war die Witterung, bis auf wenige heiße Stunden, erwünſcht
und der Moment wegen der heranreiſenden Feldfrüchte ſehr bedeutend. In Thüringen ſtand alles zum ſchönſten, im Fuldiſchen
fanden wir die Mandeln auf dem Felde, und zwiſchen Hanau
und Frankfurt nur noch die Stoppeln. Vom Wein verſpricht
man ſich nicht viel, das Obſt iſt gut gerathen.

In Franffurt iſt alles thätig und lebhaft. Ihre Zeit iſt nur
zwiſchen erwerben und verzehren getheilt und das vielfache Unglück ſcheint nur einen allgemeinen Leichtſinn bewirkt zu haben.
Die Millionen die man hingeben mußte ſind, ſo wie die Noth
jener Augenblicke, vergeſſen und jedermann findet es äußerſt unbequem, daß er nun zu den Intereſſen und Abzahlungen auch das
ſeinige beytragen ſoll. Jedermann beklagt ſich über die äußerſte
Theurung, und fährt doch fort Geld auszugeben und den Luxus
zu vermehren über den er ſich beſchwert. Doch habe ich auch ſchon
einige wunderliche und unerwartete Ausnahmen bemerken können.

Geſtern Abend entſtand auf einmal ein lebhafter Friedens-
ruf, in wie fern er gegründet ſey muß ſich bald zeigen.

Ich habe mich in dieſen wenigen Tagen ſchon viel umgeſehen,
bin die Stadt umfahren und umgangen, außen und innen ent-
ſteht ein Gebäude nach dem andern, und der beſſere und größere
Geſchmack läßt ſich bemerken, obgleich auch hier und da wieder
mancher Rückſchritt geſchieht. Geſtern war ich im Schweizeriſchen

Haufe, das auch inwenbig viel Gutes enthält, befonders hat mir
die Art der Fenfter fehr wohl gefallen, ich werbe ein kleines Mo-
bell davon an die Schloßbaukommiffion fchiden.

Das hiefige Theater hat gute Subjecte, im Ganzen ift es
aber für eine fo große Anftalt viel zu fchwach befetzt, die Lüden,
welche bey Ankunft der Franzofen entftunben, finb noch nicht wieber
ausgefüllt. Auf den Sonntag wirb Palmyra gegeben, worauf ich
fehr neugierig bin.

Politifche Nachrichten wirb Herr Riefe gefchwinber unb ge-
fchäftiger als ich überfchreiben; ich lege aber boch eine Recenfion
einiger italienifcher Zeitungsblätter bey, bie mich intereffirt haben,
weil fie einen Blick in jene Zuftänbe thun laffen.

                                        Am 9. Auguft 97.

Das allgemeine Gefpräch unb Jntereffe ift heute bie Feyer
bes morgenben Tages bie in Wetzlar begangen werben foll, man
erzählt Wunberbinge bavon: Zwanzig Generäle follen berfelben
beywohnen, von allen Regimentern follen Truppen bazu gefammelt
werben, militärifche Evolutionen follen gefchehen. Gerüfte finb auf-
gerichtet unb was bergleichen mehr ift. Jnbeffen fürchten bie
Einwohner bey biefer Gelegenheit böfe Scenen, mehrere haben
fich entfernt, man will heute Abenb fchon kanoniren gehört haben.
Jnbeffen lebt man hier in vollkommner Sicherheit unb jeber treibt
fein Haubwerk, eben als wenn nichts gewefen wäre. Man hält
ben Frieben für gewiß unb fchmeichelt fich baß ber Congreß hier
feyn werbe, ob man gleich nicht weiß wo man bie Gefanbtfchaften
unterbringen will. Wenn Alles ruhig bleibt fo wirb bie nächfte
Meffe über bie Maßen voll unb glänzenb werben, es finb fchon
viele Quartiere beftellt unb bie Gaftwirthe unb anbere Einwohner
fetzen unerhörte Preife auf ihre Zimmer.

Geftern war ich bey Herrn von Schwarzkopf, ber mit feiner
jungen Frau auf einem Bethmannifchen Gute wohnt. Es liegt
fehr angenehm, eine ftarke Halbeftunbe von ber Stabt, vor bem
Eichenheimer Thore, auf einer fanften Anhöhe, von ber man vorwärts bie Stabt unb ben ganzen Grunb worinn fie liegt, unb
hinterwärts ben Nibbagrunb bis an bas Gebirg überfieht. Das

Gut gehörte ehemals der Familie der von Riese, und ist wegen der Steinbrüche bekannt die sich in dem Bezirk desselben befinden. Der ganze Hügel besteht aus Basalt und der Feldbau wird in einem Erdreiche getrieben das aus Verwitterung dieser Gebirgsart besteht, es ist auf der Höhe ein wenig steinig, aber Früchte und Obstbäume gedeihen vortrefflich. Bethmanns haben viel dazu ge- kauft und meine Mutter hat ihnen ein schönes Baumstück, das unmittelbar daran stößt, abgelassen.

Die Fruchtbarkeit des herrlichen Grundes um Frankfurt und die Mannigfaltigkeit seiner Erzeugnisse erregt Erstaunen und an den neuen Zäunen, Stadeten und Lusthäusern, die sich weit um die Stadt umher verbreiten, sieht man wie viele wohlhabende Leute in der letzten Zeit nach größern und kleinern Stücken eines fruchtbaren Bodens gegriffen haben. Das große Feld, worauf nur Gemüse gebauet wird, gewährt in der jetzigen Jahreszeit einen sehr angenehmen und mannigfaltigen Anblick.

Überhaupt ist die Lage, wie ich sie an einem schönen Morgen vom Thurme wiedergesehen, ganz herrlich, und zu einem heitern und sinnlichen Genusse ausgestattet, deswegen sich die Menschen auch so frühzeitig hier angesiedelt und ausgebreitet haben. Merk- würdig war mir die frühzeitige städtische Cultur, da ich gestern las: daß schon 1474 befohlen ward die Schindeldächer wegzuthun, da schon früher die Strohdächer abgeschafft waren. Es läßt sich denken wie in dreyhundert Jahren ein solches Beyspiel auf die ganze Gegend gewirkt haben müsse.

Leben Sie recht wohl und gedenken mein. Nehmen Sie diese unbedeutenden Blätter gütig auf. Wenn ich mich gewöhnen kann auf der Reise mich auch Abwesenden mitzutheilen, so giebt es auch wohl immer etwas interessanteres. Empfehlen Sie mich Ihrer Frau Gemahlin zu Gnaden.

G.

3.
An Schiller.

Ohne den mindesten Anstoß bin ich vergnügt und gesund nach Frankfurt gelangt und überlege in einer ruhigen und heitern

Wohnung nun erst: was es heiße in meinen Jahren in die Welt zu gehen. In früherer Zeit imponiren und verwirren uns die Gegenstände mehr, weil wir sie nicht beurtheilen noch zusammen- fassen können, aber wir werden doch mit ihnen leichter fertig, weil wir nur aufnehmen was in unserm Wege liegt und rechts und links wenig achten. Später kennen wir die Dinge mehr, es inte- ressirt uns deren eine größere Anzahl und wir würden uns gar übel befinden, wenn uns nicht Gemüthsruhe und Methode in diesen Fällen zu Hülfe käme. Ich will nun alles was mir in diesen acht Tagen vorgekommen ist so gut als möglich zurechtstellen, an Frankfurt selbst als einer vielumfassenden Stadt meine Schemata probiren und mich dann zu einer weitern Reise vorbereiten.

Sehr merkwürdig ist mir aufgefallen wie es eigentlich mit dem Publico einer großen Stadt beschaffen ist. Es lebt in einem beständigen Taumel von Erwerben und Verzehren, und das was wir Stimmung nennen, läßt sich weder hervorbringen noch mit- theilen, alle Vergnügungen, selbst das Theater, sollen nur zer- streuen und die große Neigung des lesenden Publicums zu Jour- nalen und Romanen entsteht eben daher, weil jene immer und diese meist Zerstreuung in die Zerstreuung bringen.

Ich glaube sogar eine Art von Scheu gegen poetische Pro- ductionen, oder wenigstens in so fern sie poetisch sind, bemerkt zu haben, die mir aus eben diesen Ursachen ganz natürlich vorkommt. Die Poesie verlangt, ja sie gebietet Sammlung, sie isolirt den Menschen wider seinen Willen, sie drängt sich wiederholt auf und ist in der breiten Welt (um nicht zu sagen in der großen) so unbequem wie eine treue Liebhaberinn.

Ich gewöhne mich nun alles wie mir die Gegenstände vor- kommen und was ich über sie denke aufzuschreiben, ohne die ge- nauste Beobachtung und das reiffte Urtheil von mir zu fordern, oder auch an einen künftigen Gebrauch zu denken. Wenn man den Weg einmal ganz zurückgelegt hat, so kann man mit besserer Übersicht das vorräthige immer wieder als Stoff gebrauchen.

Das Theater habe ich einigemal besucht und zu dessen Beur- theilung mir auch einen methodischen Entwurf gemacht. Indem ich ihn nun nach und nach auszufüllen suche so ist mir erst recht aufgefallen: daß man eigentlich nur von fremden Ländern, wo man mit niemand in Verhältniß steht, eine leibliche Reisebeschreibung schreiben könnte. Über den Ort, wo man gewöhnlich sich aufhält, wird niemand wagen etwas zu schreiben, es müßte denn von bloßer Aufzählung der vorhandenen Gegenstände die Rede seyn, eben so geht es mit allem was uns noch einigermaßen nah ist, man fühlt erst daß es eine Impietät wäre, wenn man auch sein gerechtestes, mäßigstes Urtheil über die Dinge öffentlich aussprechen wollte. Diese Betrachtungen führen auf artige Resultate und zeigen mir den Weg, der zu gehen ist. So vergleiche ich z. B. jetzt das hiesige Theater mit dem Weimarischen, habe ich noch das Stuttgarter gesehen, so läßt sich vielleicht über die drey etwas allgemeines sagen das bedeutend ist und das sich auch allenfalls öffentlich produciren läßt.

Leben Sie recht wohl und halten Sie sich ja gesund und vergnügt in Ihrem Gartenhause. Grüßen Sie mir Ihre liebe Frau. Wenn ich nur einmal wieder in's Jenaische Schloß gelangen kann, soll mich sobald niemand heraus treiben. Es ist nur gut, daß ich zum Musenalmanach das meinige schon beygetragen habe, denn auf der Reise kann ich so wenig hoffen einem Gedichte als dem Phönix zu begegnen. Nochmal das schönste Lebewohl.

Frankfurt am Main b. 9. Aug. 1797.   G.

Schmidt von Friedberg ist bey mir gewesen, es war keine unangenehme aber auch keine wohlthätige Erscheinung. Im ganzen ein hübscher junger Mensch, ein kleiner Kopf auf mäßigen Schultern, treffliche Schenkel und Füße, knapp, reinlich, anständig nach hiesiger Art gekleidet. Die Gesichtszüge klein und eng beysammen, kleine, schwarze Augen, schwarze Haare nahe am Kopf sansculottisch abgeschnitten. Aber um die Stirne schmiedete ihm ein ehernes Band der Vater der Götter. Mit dem Munde machte er wunderliche Verzerrungen als wenn er dem was er sagte noch einen gewissen eigenthümlichen Ausdruck geben wollte. Er ist der Sohn eines wohlhabenden Kaufmanns, der ihn zum Prediger bestimmte. Dadurch ist der Mensch ganz aus seinem Wege gerückt worden. ich glaube daß er, zu einem beschränkten Handel und Lebenswandel

angeführt, recht gut gewesen wäre, da er Energie und eine gewisse
Innigkeit zu haben scheint; unter einer Nationalgarde sähe ich
ihn am allerliebsten. Die Folge mag es zeigen, aber ich fürchte
es ist nicht viel Freude an ihm zu erleben. Voraus also gesetzt
daß es kein gedrückter Mensch ist, sondern einer der, nach seiner
Aussage, seiner Gestalt, seiner Kleidung in mäßigem Wohlbehagen
lebt, so ist es ein böses Zeichen daß sich keine Spur von Streben,
Liberalität, Liebe, Zutrauen an ihm offenbart. Er stellte sich mir
in dem philisterhaften Egoismus eines Erstudenten dar. Dabey
aber auch keine Spur von Roheit, nichts schiefes in seinem Betragen außer der Mundverzerrung.

Ich nahm zur Base meiner Behandlung daß S i e ihn an
mich schicken, und setzte also in diesem Sinne vieles voraus, aber
es hat doch auch gar nichts allgemeines noch besonderes angeklungen,
auch nichts über Reinhold und Fichte, die er doch beyde gehört
hat. Überhaupt konnte ich nichts bedeutendes von ihm herauslocken
als daß er, seit einem Jahre, gewisse besondere Ansichten der Welt
gewonnen habe, wodurch er sich zur Poesie geneigt fühle (das denn
ganz gut seyn möchte), daß er aber auch überzeugt sey, nur in
einer gewissen Verbindung der Philosophie und Poesie bestehe die
wahre Bildung. Wogegen ich nichts zu sagen habe, wenn ich es
nur nicht von einem jungen Menschen hören müßte. Übrigens
ging er weg wie er gekommen war, ehe doch auch nur irgend ein
Gespräch sich eingeleitet hatte, und war mir für diesen kurzen
Moment bedeutend genug. Der zurückgezognen Art nach erinnerte
er mich an Hölderlin, ob er gleich größer und besser gebildet
ist; sobald ich diesen gesehen habe, werde ich mit einer nähern
Parallele aufwarten. Da auf meinem Lebensgange besonders in
früheren Zeiten mir mehrere Naturen dieser Art begegnet sind
und ich erfahren habe wo es eigentlich mit ihnen hinausgeht,
so will ich noch ein allgemeines Wort hinzufügen: Menschen,
die aus dem Kaufmannsstamm zur Litteratur und besonders
zur Poesie übergehen, haben und behalten eine eigne Tournüre.
Es läßt sich an einigen ein gewisser Ernst und Innigkeit bemerken, ein gewisses Haften und Festhalten, bey andern ein leb-
haftes thätiges Bemühen, allein sie scheinen mir keiner Erhebung

fähig, so wenig als des Begriffs, worauf es eigentlich ankommt.
Vielleicht thue ich dieser Kaste unrecht und es sind viele aus
andern Stämmen, denen es nicht besser geht. Denken Sie einmal Ihre Erfahrung durch, es finden sich wahrscheinlich auch
Ausnahmen.

4.
An Christiane Vulpius.

Ich bin euch immer in Gedanken nachgefolgt und gestern
Abend in der Müllerinn, die mir nur theilweise Vergnügen gemacht hat, dachte ich oft daß ihr nun ruhig in Schlüchtern sitzen
würdet. Ich verlange recht sehr zu hören wie ihr eure Reise zu-
rücklegt und hoffe das Beste. Eure Briefchen von Hanau haben
mir viel Freude gemacht, sage dem Kleinen daß ich seine Briefe
aufhebe und sehen will wie er nun immer besser schreibt. Ich
habe angefangen einiges zu überlegen und zu dictiren, aber es
wird ganz unmöglich seyn in dieser Wohnung etwas zu arbeiten,
ich will noch etwa acht Tage zusehen und dann irgend einen Entschluß fassen. Wenn du wieder stille zu Hause bist so wirst du
erst recht gewahr werden was für eine Menge Gegenstände du
gesehen hast.

Wenn Packete angekommen sind so mache sie nur auf. Wenn
eins mit Noten dabey ist so schickst du es an den Kämmerier
Wagner. Lebe recht wohl, schreibe mir bald und behalte mich lieb.

Frankfurt d. 9. Aug. 1797.   G.

5.
An C. G. Voigt.

Sie verzeihen, werthester Freund, wenn ich Ihnen ein kleines
Packetchen Briefe zu gefälliger Austheilung übersende und zugleich
ein Blatt beylege, welches mir die Hofmannin von Ober Roßla
nachgeschickt hat. Ich kann auf die darinn vorgetragene Bitte nicht
reflectiren und es mag sich diese Familie selbst zuschreiben daß
sie, durch ihr unbilliges Betragen gegen ihre Miterben, sich in
den Fall gesetzt sieht, entweder das Gut zu verlassen oder es zu-

letzt theuer zu bezahlen. Es verbleibt daher bey unserer Abrede, wir verharren nach unserm Gebote und sollten wir abermals über= setzt werden, so haben Sie nur die Güte nochmals weiter bieten zu lassen und, da von der diesjährigen Erndte nicht mehr die Rede seyn kann, die Sache langsam weiter zu leiten.

Heute sage ich nichts weiter, als daß ich aufrichtig und leb= haft wünsche Sie könnten, und wenn es auch nur auf kurze Zeit wäre, an der herrlichen Gegend und allem, was sie enthält, Theil nehmen, Sie würden es lebhafter empfinden als ich selbst, der ich durch die Erinnerung der alten Zustände und die Vergleichung der so sehr veränderten neuen Erscheinungen, wenigstens in diesen ersten Augenblicken oft irre gemacht werde. Leben Sie recht wohl, erhalten Sie mir ein freundschaftliches Andenken und nehmen Sie einen tausendfachen Dank für die Beruhigung, die Sie mir vor meiner Abreise durch so mannigfaltigen Rath und Beystand ge= geben haben.

· Frankfurt a. M. b. 10. August 1797.   G.

6.
An E. v. Knebel.

Deinen lieben Brief habe ich in Frankfurt erhalten und bin gegenwärtig ein Reisender wie du. Ich fühle das sehr lebhaft was du über die Veränderung des Zustandes sagst, denn mir geht es hierinn beynah wie dir und wenn man nicht immer in der Welt lebt so sieht man sie anfangs wieder mit verwunderten Augen an, und so gut man sie kennt machen einen die neuen Erscheinungen wieder auf kurze Zeit aufmerksam, bis man denn das alte plumpe Mährchen wieder bald gewahr wird. Ich wünsche dir zu allen deinen Unternehmungen Glück und begreife den Sinn einiger Stellen deines Briefes recht wohl; ich hoffe daß dein gutes Ge= schick dich verhindern wird dich noch in alten Tagen einer solchen Subalternität zu unterwerfen die jeden rechtlichen Menschen zur Verzweiflung bringen muß. Kannst du eine gute Pfründe sine cura erwischen so thue es ja und laß die andern aus Licht und Luft arbeiten was sie können.

Was mich betrifft, so sehe ich nur immer mehr ein, daß
jeder nur sein Handwerk ernsthaft treiben und das übrige alles
lustig nehmen soll. Ein paar Verse, die ich zu machen habe, interessiren mich mehr als viel wichtigere Dinge auf die mir kein
Einfluß gestattet ist und wenn ein jeder das Gleiche thut so wird
es in der Stadt und im Hause wohlstehen. Die wenigen Tage
die ich hier bin hat mich die Betrachtung so mancher Gegenstände
schon sehr vergnügt und unterhalten und ich habe für die nächste
Zeit noch genug vor mir.

Ich will hernach unsern guten Meyer, der am Zürcher See
angekommen ist, aufsuchen und, ehe ich meinen Rückweg antrete,
noch irgend eine kleine Tour mit ihm machen. Nach Italien
habe ich keine Lust, ich mag die Raupen und Chryfaliden der
Freyheit nicht beobachten, weit lieber möchte ich die ausgekrochenen
französischen Schmetterlinge sehen.

Lebe recht wohl, und ehe du einen neuen Zustand erwählst,
so bedenke alles ja wohl, denn es ist nichts gefährlicher als sich
in unserm Alter zu vergreifen. Empfiehl mich Herrn von Schuckmann, es ist einer der schätzbarsten Männer die ich in meinem
Leben gekannt habe.

Frankfurt a. M. den 10. August 1797.   G.

7.
An J. H. Meyer.

Meine kleinen Hausgeister sind gestern wieder nach Weimar
zurück und ich befinde mich nun wieder allein in meiner Vaterstadt auf einem halbbekannten Boden, denn es hat sich auch seit
5 Jahren hier wieder sehr vieles verändert. Sie sind nun auch
wieder an Ihrem Geburtsort und es ist abzuwarten, zu welchem
neuen Leben wir nun beyde nächstens wieder ausgehen werden. Auf
der kurzen Reise von Weimar hierher und diese wenigen Tage hier
habe ich über die Methode der Beobachtung auf Reisen, über Bemerken und Aufzeichnen manches gedacht. Die Gegenstände der
Erfahrung sind so vielfach daß Sie uns immer zerstreuen, indem
sie uns einzeln in jedem Augenblick anziehen, die Zeit ist kurz

und man ist nicht immer aufzumerken fähig. Ich will die Zeit,
die ich hier bleibe, ein Schema und eine bequemere Form eines
Tagebuches auszudenken suchen und die zwepte Hälfte meiner Reise
durch Deutschland bis zu Ihnen durch diese Hülfsmittel zu benutzen
suchen, das übrige wird eine gemeinschaftliche Bemühung vollenden.

Ihren lieben Brief vom 26. Juli erhielt ich am achten
Tage, die Mittheiluug wird nun immer leichter und tröstlicher
und es freut mich herzlich aus Ihren Briefen zu sehen, daß wir
bepm Durchdenken und Durcharbeiten ähnlicher Gegenstände nur
immer näher gekommen sind, es wird eine rechte Freude sepn wenn
wir unsere Theorien und Erfahrungen in einander verschlingen.

[Hier folgt nochmals: Das Theater — läßt, oben S. 5—6.]

Ich wünsche daß Sie sich als ein ächter Schweizer in Ihrer
lieben Heimath bald erholen mögen damit ich Sie recht froh
und munter antreffe. Antworten Sie mir nicht auf diesen Brief,
denn da Ihre Antwort erst in 12 bis 14 Tagen ankommen
könnte, so würde sie mich hier kaum mehr antreffen.

Das zum inliegenden Böttigerischen Blatt gehörige Heft
bring ich Ihnen mit. Leben Sie recht wohl.

Frankfurt d. 10. August 97.   G.

8.
An Christiane Vulpius.

Ich denke mir nun daß ihr glücklich zu Hause angelangt
sepd, und erwarte mit vielem Verlangen Nachricht von eurer Reise,
ihr werdet nun genug erzählen von allem was ihr gesehen habt,
und indem ich mich in Frankfurt umsehe finde ich noch manches
das euch Vergnügen machen wird, wenn ihr wieder herkommt. und
das zweptemal macht es fast noch mehr Vergnügen, weil man mit
den Gegenständen mehr bekannt ist und sie besser genießen kann.

Sep nur so gut alles was Packete und größere Briefe sind
aufzumachen und nach dem Inhalte etwa an's Theater und sonst,
oder auch wenn etwas eingeschlossen ist, dasselbe nach der Addresse
abzugeben, die kleineren Briefe schickst du mir hierher; du kannst
ja allenfalls deinen Bruder notiren lassen was angekommen ist,

damit ich nur in kurzem erfahre was zurückbleibt. Die Hitze ist wieder sehr groß und die Gewitter, die von Zeit zu Zeit aufsteigen, gehen mit wenig Regen vorüber, die Gärtnerey verlangt sehr nach ein wenig Feuchtigkeit. Schreibe mir ja wie du bein Hauswesen gefunden haft und grüße das Bübchen.

Die Mama schickt bir eine schöne Chokolaben Tasse, über welche jetzt ein Futteral gemacht wird und wenn ich weiter reise, so soll es auch an allerley guten Gaben nicht fehlen. Ich bliebe gerne hier, aber die Zerstreuung ist so groß, daß ich zu keiner Besinnung komme. Lebe recht wohl und schreibe fleißig.

Frankfurt b. 12. August 97.   G.

9.
An Schiller.

[Frankfurt, 12. August.]

Es pflegt meist so zu gehen daß man für diejenigen bie in Bewegung sind besorgt ist, und es sollte öfters umgekehrt seyn. So sagt mir Ihr lieber Brief, vom 7ten, daß Sie sich nicht zum besten befunden haben, indeß ich von der Witterung wenig oder gar nicht litt. Die Gewitter kühlten, Nachts und Morgens, die Atmosphäre aus, wir fuhren sehr früh, die heißesten Stunden des Tages fütterten wir, und wenn denn auch einige Stunden des Wegs bey warmer Tageszeit zurückgelegt wurden, so ist doch meist auf den Höhen und in den Thälern, wo Bäche fließen, ein Luftzug. Genug ich bin mit geringer Unbequemlichkeit nach Frankfurt gekommen. Hier möchte ich nun mich an ein großes Stadtleben wieder gewöhnen, mich gewöhnen nicht nur zu reisen sondern auch auf der Reise zu leben; wenn mir nur dieses vom Schicksal nicht ganz versagt ist, denn ich fühle recht gut daß meine Natur nur nach Sammlung und Stimmung strebt, und an allem keinen Genuß hat was diese hindert. Hätte ich nicht an meinem Hermann und Dorothea ein Beyspiel daß die modernen Gegenstände, in einem gewissen Sinne genommen, sich zum epischen bequemen, so möchte ich von aller dieser empirischen Breite nichts mehr wissen. Auf dem Theater, so wie ich auch wieder hier sehe, wäre in dem gegenwärtigen Augenblick manches zu thun, aber man müßte es leicht nehmen und in der Gozzischen Manier tractiren; doch ist es in keinem Sinne der Mühe werth.

Meyer hat unsere Balladen sehr gut aufgenommen. Ich habe nun, weil ich von Weimar aus nach Stäfa wöchentlich Briefe an ihn schrieb, schon mehrere Briefe von ihm hier erhalten, es ist eine reine und treufortschreitende Natur, unschätzbar in jedem Sinne. Ich will nur eilen ihn wieder persönlich habhaft zu werden und ihn dann nicht wieder von mir lassen.

Den Alten auf dem Topfberge bedaure ich herzlich, daß er verdammt ist durch, Gott weiß, welche wunderliche Gemüthsart, sich und andern auf eigenem Felde den Weg zu verkümmern. Du gefallen mir die Frankfurter Banliers, Handelsleute, Agioteurs, Krämer, Juden, Spieler und Unternehmer tausendmal besser, die doch wenigstens selbst was vor sich bringen, wenn sie auch andern ein Bein stellen. — Der Nikolaus Pesce ist, so viel ich mich erinnere, der Held des Mährchens das Sie behandelt haben, ein Taucher von Handwerk. Wenn aber unser alter Freund bey einer solchen Bearbeitung sich noch der Chronik erinnern kann die das Geschichtchen erzählt, wie soll man's dem übrigen Publico verdenken wenn es sich bey Romanen erkundigt: ob das denn alles sein wahr sey? Eben so ein merkwürdiges Beyspiel giebt Diderot, der bey einem so hohen Genie, bey so tiefem Gefühl und klarem Verstand, doch nicht auf den Punkt kommen konnte zu sehen: daß die Cultur durch Kunst ihren eignen Gang gehen muß, daß sie keiner andern subordinirt seyn kann, daß sie sich an alle übrige so bequem anschließt, u. s. w., was doch so leicht zu begreifen wäre; weil das Factum so klar am Tage liegt.

Äußerst fratzenhaft erscheint der. arme Kosegarten, der, nachdem er nun zeitlebens gesungen und gezwitschert hat, wie ihm von der lieben Natur die Kehle gebildet und der Schnabel gewachsen war, seine Individualität durch die Folterschrauben der neuen philosophischen Forderungen selbst auszurecken bemüht ist, und seine Bettlerjacke auf der Erde nachschleift, um zu versichern, daß er doch auch ohngefähr so einen Königsmantel in der Gar-

berobe führe. Ich werde das Erhibitum sogleich an Meyern ab-
senden. Indessen sind diese Menschen, die sich noch benken können
daß das Nichts unserer Kunst alles sey, noch besser dran als
wir andern, die wir doch mehr oder weniger überzeugt sind: daß
das Alles unserer Kunst nichts ist.

Für einen Reisenden geziemt sich ein skeptischer Realism.
Was noch idealistisch an mir ist wird in einem Schatullchen, wohl-
verschlossen, mitgeführt wie jenes unbenische Pygmäenweibchen, Sie
werden also von dieser Seite Gebulb mit mir haben. Wahrscheinlich werde ich Ihnen jenes Reisegeschichtchen auf der Reise zu-
sammenschreiben können. Übrigens will ich erst ein paar Monate
abwarten. Denn obgleich in der Empirie fast alles einzeln unangenehm auf mich wirkt, so thut doch das Ganze sehr wohl, wenn
man endlich zum Bewußtseyn seiner eignen Besonnenheit kommt.
Leben Sie recht wohl unb interpretiren Sie sich, da Sie mich
kennen, meine oft wunderlichen Worte, denn es wäre mir unmöglich mich selbst zu rectificiren unb diese rhapsobischen Grillen in
einen Zusammenhang unb Bestand zu bringen.

Grüßen Sie mir Ihre liebe Frau unb halten Sie unsere Agnes
unb Amalie ja recht werth. Man weiß nicht eher was man an
solchen Naturen hat als bis man sich in der breiten Welt nach
ähnlichen umsieht. Sie, mein Freund, haben die Gabe auch lehrend
wirksam zu seyn, die mir ganz versagt ist; diese beiden Schülle-
rinnen werden gewiß noch manches Gute hervorbringen, wenn sie nur
ihre Aperçus mittheilen unb in Abficht auf Disposition des Ganzen
etwas mehr von den Grunbforberungen der Kunst einsehen lernen.

Frankfurt b. 14. Aug. 1797.

Gestern habe ich die Oper Palmira aufführen sehen, die im
Ganzen genommen sehr gut unb anständig gegeben warb. Ich
habe auch babey vorzüglich die Freude gehabt einen Theil ganz
vollkommen zu sehen, nämlich die Decorationen; sie sind von einem
Mailänder Fuentes, der sich gegenwärtig hier befinbet. Bey
der Theaterarchitektur ist die große Schwierigkeit, daß man die
Grunbsätze der ächten Baukunst einsehen, unb von ihnen doch
wieder zweckmäßig abweichen soll. Die Baukunst im höhern Sinne

soll ein ernstes, hohes, festes Daseyn ausdrucken, sie kann sich, ohne schwach zu werden, kaum auf's Anmuthige einlassen, auf dem Theater aber soll alles eine anmuthige Erscheinung seyn. Die theatralische Baukunst muß leicht, geputzt, mannigfaltig seyn, und sie soll doch zugleich das Prächtige, Hohe, Edle darstellen. Die Decorationen sollen überhaupt, besonders die Hintergründe, Tableaus machen, der Decorateur muß noch einen Schritt weiter thun als der Landschaftsmahler, der auch die Architektur nach seinem· Bedürfniß zu modificiren weiß. Die Decorationen zu Palmira geben Beyspiele woraus man die Lehre der Theatermahlerey abstrahiren könnte. Es sind 6 Decorationen die auf einander in zwey Akten folgen, ohne daß eine wiederkommt, sie sind mit sehr kluger Abwechslung und Gradation erfunden. Man sieht ihnen an daß der Meister alle Moyens der ernsthaften Baukunst kennt, selbst da, wo er baut wie man nicht bauen soll und würde, behält doch alles den Schein der Möglichkeit bey und alle seine Constructionen gründen sich auf den Begriff dessen was im wirklichen gefordert wird, seine Zierrathen sind sehr reich, aber mit reinem Geschmack angebracht und vertheilt, diesen sieht man die große Stukaturschule an, die sich in Mailand befindet und die man aus den Kupferstichwerken des Albertolli kann kennen lernen. Alle Proportionen gehen in's schlanke, alle Figuren, Statuen, Basreliefs, gemalte Zuschauer gleichfalls, aber die übermäßige Länge und gewaltsamen Gebärden mancher Figuren sind nicht Manier, sondern die Nothwendigkeit und der Geschmack haben sie so gefordert, das Colorit ist untadelhaft und die Art zu mahlen äußerst frey und bestimmt. Alle die perspectivischen Kunststücke, alle die Reize der nach Directionspuncten gerichteten Massen zeigen sich in diesen Werken. Die Theile sind völlig deutlich und klar ohne hart zu seyn, und das ganze hat die lobenswürdigste Haltung. Man sieht die Studien einer großen Schule und die Überlieferungen mehrerer Menschenleben in dem unendlichen Detail und man darf wohl sagen daß diese Kunst hier auf dem höchsten Grade steht. Nur Schade daß der Mann so kränklich ist, daß man an seinem Leben verzweifelt. Ich will sehen daß ich das was ich hier nur flüchtig hingeworfen habe, besser zusammenstelle und ausführe.

Und so leben Sie wohl und laffen mich bald von sich hören
Ich bin oft auf Ihrer stillen Höhe bey Ihnen und wenn's recht
regnet erinnre ich mich des Rauschens der Leutra und ihrer Goffen.
Nicht ehr will ich wieder kommen als biß ich wenigstens eine
Sattheil der Empirie empfinde, da wir an eine Totalität nicht
dencken dürfen. Leben Sie recht wohl und grüßen alles.

G.

10.
An den Herzog Carl August.

Mein Erinnerungsbrief an Scherer hat ihn in Hamburg
angetroffen, in beyliegenden Briefen erklärt und entschuldigt er sich
über die Langsamkeit seiner Reise. Das an Sie, befter Fürst, gerichtete Schreiben habe ich aufzuschneiden mir die Freyheit genommen
weil ich seinem Volum nach eine ausführlichere Relation erwartete.
Leider fand ich mich getäuscht, eine Landkarten Anzeige machte
den Brief stärcker.

Graf Beust hat mir das andre, hier beyliegende Schreiben
übergeben, mit der Bitte Ihnen solches nebst seinem Inhalte zu
empfehlen, welches hiermit geschieht. Sollte gegen den Supplikanten
nichts zu erinnern seyn, so werden Sie ja wohl denselben bey
dem kühnen Schritte den er thut durch ein solches Ehrenzeichen
aufmuntern. Wahrscheinlich ist Ihnen schon bekannt baß er die
Gräfinn Beust heyrathet.

Wie es mir übrigens geht enthält ein bictirtes Blat das ich,
mit Bitte um Ihr fortbaurendes Wohlwollen, hier beylege.

Franckfurt d. 15. Aug. 97.   Goethe.

[Hier folgt nochmals: Gestern habe — ausführe, oben S. 14—15.]

NB. Der Garten, die vorletzte Dekoration, ist ein Meisterstück der Erfindung und Ausführung.

Das Hauptinteresse solle eigentlich gegenwärtig für die Franck-
furter die Wiederbezahlung ihrer Kriegsschulden und die einst-
weilige Verinteressirung derselben seyn, da aber die Gefahr vorbey ist, haben Wenige Luft thätig mitzuwirken. Der Rath ist
hierüber in einer unangenehmen Lage; er und der wackere Theil

der Bürger, der sein baares Geld, sein Silbergeschirr, seine Münz-
kabinette und was sonst noch des eblen Metalls vorräthig war,
freywillig hingab, hat nicht allein damals hierdurch und durch
die persönliche Leiden der weggeführten Geisel die Stadt und den
egoistischen flüchtigen Theil der Reichen vertreten und gerettet,
sondern ist auch gutmüthig genug gewesen, für die nicht Schutz-
verwandten, als die Stifter, Klöster, deutschen Orden u. s. w.
die Contributionen in der Masse mit zu erlegen. Da es nun
zum Ersatz kommen soll, so existirt weder ein Fuß wornach,
noch ein Mittel wodurch man eine so große Summe, als zu
dem Interesse und dem Amortisationsfond nöthig ist, beybringen
könnte. Der bisherige Schatzungsfuß ist schon für den orbinairen
Zustand völlig unpassend, geschweige für einen außerordentlichen
Fall. Jede Art von neuer Abgabe drückt irgend wohin und
unter den hundert und mehr Menschen, die mitzusprechen haben,
findet sich immer ein und der andere, der die Last von seiner
Seite wegwälzen will. Die Vorschläge des Raths sind an das
bürgerliche Collegium, ergangen; ich fürchte aber sehr, baß man
nicht einig werden wird und baß, wenn man einig wäre, der
Reichshofrath doch wieder anders sentiren würde. Indessen bettelt
man von Gutwilligen Beyträge, die künftig berechnet werden und,
wenn man bey erfolgender Repartition zu viel gegeben hat, ver-
interessirt werden sollen, einstweilen zusammen, weil die Interessen
doch bezahlt werden müssen. Ich wünsche, baß ich mich irre,
aber ich fürchte baß diese Angelegenheit so leicht nicht in Ordnung
kommen wird.

11.
An Christiane Vulpius.

Du hast mir sehr viel Vergnügen gemacht baß du mir gleich
den Tag beiner Ankunft geschrieben und bein Tagebuch geschickt
hast, fahre ja fort mir fleißig zu schreiben damit ich wisse wie
es dir geht und was bey euch vorfällt.

Es freut mich gar sehr baß deine Hinreise zwar nicht ohne
Unbequemlichkeit doch glücklich und mit bester Ordnung vollbracht
worden, so wie mir unsere ganze Expedition Lust und Muth ge-

geben hat mit euch künftig dergleichen mehr zu unternehmen, und mit
dem Kinde wird es je älter es wird immer eine größere Luft sehn.
Ich habe die Zeit oft an euch gedacht und euch zu mir gewünscht, besonders in der Palmira, welche vergangenen Sonntag
gegeben wurde. Die Repräsentation war überhaupt sehr gut und
anständig, die Decorationen besonders ganz fürtrefflich.

Ich habe nun meistens meine alten guten Freunde gesehen
und die nothwendigsten Visiten gemacht, auch finde ich mancherlei
und sehr gute Unterhaltung, doch reizt das schöne Wetter, das
sich bald in Regen abkühlt bald in klaren Tagen gar vergnügliche
Stunden macht, mich zur weitern Reise.

Ich will heute über 8 Tage von hier abgehen und kann,
wenn du mir den nächsten Freytag schreibst, Montag Abend noch
den Brief hier erhalten. Auf alle Fälle setzest du außen drauf:
gefällig nachzuschicken und abbressirst überhaupt alles immer
fort an meine Mutter.

In meinem vorigen Briefe habe ich dir schon wegen ankommenden Packeten und Briefen geschrieben, ich will mich hier
noch umständlicher erklären:

Alle Arten von Packeten machst du auf, siehst was sie enthalten
und läßt sie alsdann entweder liegen oder giebst sie dahin ab wohin
sie allenfalls gehören, die Briefe aber schickst du an meine Mutter.

Wenn du mir schreibst so mußt du immer zugleich auf die
Abbresse setzen: gefällig nachzuschicken und mußt deinen
Brief noch besonders siegeln wenn du ihn auch in ein Packet legst,
das Packet aber wird jederzeit an meine Mutter abbressirt damit
sie es aufmachen und mit den inliegenden Briefen nach meiner
Anweisung verfahren kann. So viel von dieser Sache.

Von Hamburg wird ein kleines Fäßchen an mich kommen
worinn Seeschnecken sich in Brandewein befinden werden. Denke
nicht etwa daß es eine Eßwaare ist, sondern thu die Geschöpfe
in ein Zuckerglas und halte sie mit Brandewein bedeckt, bis ich
wieder komme. Sonst weiß ich nichts zu erinnern, denn das
übrige haben wir ja alles abgeredet.

Schreibe mir ja wie das schwarzseidne Kleid gerathen ist
und wann du es zum erstenmal angehabt hast, sage dem guten

August daß der Säbel, den ich mitbringe, da er sich so gut auf
der Reise aufgeführt hat und gewiß auch in meiner Abwesenheit
ein gutes Kind bleiben wird.

Seit eurer Abreise bin ich noch einigemal ausgefahren und
oft gegangen und habe noch manches gefunden das ihr mit
Vergnügen sehen werdet, wenn ihr einmal wieder in diese Stadt
kommt. Auf alle Fälle werden wir uns bequemer und auf
längere Zeit einrichten können.

An das Wasser bin ich nicht wieder gekommen und habe in
der Comödie immer nach der Loge hinauf gesehen wo wir so vergnügt zusammen waren.

Und nun, zum Lebe wohl, noch ein Paar Worte von meiner
Hand. Ich liebe dich recht herzlich und einzig, du glaubst nicht
wie ich dich vermisse. Nur jetzt wünschte ich reicher zu seyn als
ich bin, daß ich dich und den Kleinen auf der Reise immer bey
mir haben könnte. Künftig, meine beste, wollen wir noch manchen
Weg zusammen machen.

Meine Mutter hat dich recht lieb, und lobt dich und erfreut
sich des Kleinen. In acht Tagen will ich hier weggehen, denn an
eine Arbeit ist nicht zu dencken, du hast selbst die Lage gesehen,
und so will ich die Zeit wenigstens anwenden um viel zu sehen
Lebe recht wohl, halte alles in Ordnung, dencke an mich und behalte mich recht lieb. Eh ich weggehe schreibe ich dir noch einmal. Küsse das Kind.

Franckfurt b. 15. Aug. 1797.   G.

12.
An Böttiger.

[Concept.]   [Franckfurt, 16. August.]
Ew. Wohlgeb.

sind wie ich hoffe glücklich von Berlin zurück, und ich muß aus
dem lebhaften Franckfurt doch auch etwas von mir hören lassen.
Der Aufenthalt ist gegenwärtig hier sehr interessant, jedermann
ist noch voll von den kurz vergangenen Geschichten und da die
Gefahr vorüber ist, erlustigt man sich an der Erinnerung so mancher

unangenehmen, traurigen und schrecklichen Augenblicke. Die ernsthaften stillen Österreicher in der Stadt, die lustigen, ewig beweg-
lichen Franzosen in der Nähe geben manchen interessanten Anblick
und Gelegenheit zu mancher artigen Erzählung, der Umgang mit
Menschen welche fast alle bedeutende Personen dieses Kriegsdramas
gekannt und mit ihnen in Verhältniß gestanden, ist sehr unter-
haltend. So sieht man auch die französische Revolution und ihre
Wirkungen hier viel näher und unmittelbarer, weil sie so große
und wichtige Folgen auch für diese Stadt gehabt hat und weil
man mit der Nation in so vielfacher Verbindung steht.

Bey uns sieht man Paris immer nur in einer Ferne, daß es wie
ein blauer Berg aussieht, an dem das Auge wenig erkennt, dafür
aber auch Imagination und Leidenschaft besto wirksamer seyn kann.
Hier unterscheidet man schon die einzelnen Theile und Localfarben.

Der Antheil an deutscher Litteratur scheint hier sehr mäßig
zu seyn, doch dürfen Ew. Wohlgeb. sich besonders schmeicheln,
daß Ihre Aufsätze im Modejournal und sonst viel Beyfall finden
und eine allgemeine Aufmerksamkeit erregen. Meine Mutter, eine
von Ihren eifrigsten Leserinnen, grüßt Sie zum besten.

Wie es in Berlin und andern nördlichen Paradiesen aussieht
hoffe ich bald von Ihnen zu hören. Die letzten Bogen des epischen
Gedichtes bitte ich baldmöglichst unmittelbar an Herrn Prof. Meyer
zu schicken.

Auf einen Brief an mich bitte nur nebst meiner Adresse zu
setzen: Bey Fr. R. Goethe, gefällig nachzuschicken.
Denn ich denke etwa in 8 Tagen weiter zu gehen und mich, bey
dem herrlichen Wetter, das sich nun bald in den ächten, mäßigen
Zustand des Nachsommers setzen wird, durch die schöne Bergstraße,
das wohlgebaute gute Schwaben nach der Schweiz zu begeben, um auch
einen Theil dieses einzigen Landes mir wieder zu vergegenwärtigen.

Schon die Briefe unsers Meisters gereichen mir zu großer
Freude, denn ich sehe daraus welche Schätze er uns mitbringt
und wie er uns entgegengearbeitet hat.

Meinen Laokoon hat er sehr gut aufgenommen. Eine interessante Stelle seines Briefes lasse ich hier abschreiben.

„Über eine Stelle Ihrer Schrift" pp.

In Rücksicht auf die Vasengemählbe hat er auch gewiß
manches treffliche mitgebracht, wovon mir einige Stellen seiner
Briefe schon ein sehr gutes Zeugniß geben, und er wird zu seiner
Zeit gern das nöthige mittheilen. Ihr erstes Heft habe ich noch
hier gefunden und werde es mitnehmen, denn unser fürtrefflicher
Gerning, der über Regensburg nach Wien ist, hat, wie billig,
die ihm anvertrauten Packete zurückgelassen.

Die Aufführung der Oper Palmira hat mir sehr viel Vergnügen gemacht, besonders waren die Decorationen vielleicht das
Höchste was in dieser Kunst geleistet werden kann. Es ist doch
wenigstens schön wenn man sagen kann: man habe gleich in den
ersten 14 Tagen der Reise ein, in seiner Art, vollkommnes
Kunstwerk gesehen.

Indessen muß ich, mit so viel Interessantem sich auch mein
Tag ausfüllt, doch mit mir zu Rathe gehen, um mich nicht zu
bellagen daß die Braut zu schön ist. Wenn man mehrere Jahre
einer stillen gleichen Wirkung, einer poetischen und wissenschaftlichen Existenz gewohnt ist, so hat man fast kein Organ, um in
diese lebhafte, sinnliche Welt einzugreifen, und in einem gewissen
Alter, da uns die Erfahrung nicht mehr bildet, wissen wir, wenigstens
in dem ersten Augenblicke, nicht was man mit den neuen Schätzen
anfangen soll. Besonders war die Beobachtung des einzelnen
niemals meine Stärke. Ich lasse mich daher diesmal ganz gehen,
entferne jeden Zweck der Reise aus meinen Gedanken, nehme von
jedem Tag was er mir giebt und suche es zu erhalten. Leben
Sie recht wohl, grüßen Sie alle Freunde und gedenken mein.

13.
An Schiller.

Frankfurt am 16. Aug. 1797.

Ich bin auf einen Gedanken gekommen, den ich Ihnen, weil
er für meine übrige Reise bedeutend werden kann, sogleich mittheilen will, um Ihre Meinung zu vernehmen in wie fern er
richtig seyn möchte? und in wie fern ich wohl thue mich seiner
Leitung zu überlassen? Ich habe, indem ich meinen ruhigen und

kalten Weg des Beobachtens, ja des bloßen Sehens ging, sehr bald
bemerkt daß die Rechenschaft, die ich mir von gewissen Gegenständen gab, eine Art von Sentimentalität hatte, die mir dergestalt
auffiel daß ich dem Grunde nachzudenken sogleich gereizt wurde,
und ich habe folgendes gefunden: Das was ich im allgemeinen
sehe und erfahre schließt sich recht gut an alles übrige an, was
mir sonst bekannt ist, und ist mir nicht unangenehm, weil es in
der ganzen Masse meiner Kenntnisse mitzählt und das Capital
vermehren hilft. Dagegen wüßte ich noch nichts was mir auf der
ganzen Reise nur irgend eine Art von Empfindung gegeben
hätte, sondern ich bin heute so ruhig und unbewegt als ich es je-
mals, bey den gewöhnlichsten Umständen und Vorfällen gewesen.
Woher denn also diese scheinbare Sentimentalität, die mir um so
auffallender ist, weil ich seit langer Zeit in meinem Wesen gar
keine Spur, außer der poetischen Stimmung, empfunden habe.
Möchte nicht also hier selbst poetische Stimmung seyn? bey einem
Gegenstande der nicht ganz poetisch ist, wodurch ein gewisser Mittel-
zustand hervorgebracht wird.

Ich habe daher die Gegenstände, die einen solchen Effect hervorbringen, genau betrachtet und zu meiner Verwunderung bemerkt daß sie eigentlich symbolisch sind, das heißt, wie ich kaum
zu sagen brauche, es sind eminente Fälle, die, in einer charakte-
ristischen Mannigfaltigkeit, als Repräsentanten von vielen andern
bastehen, eine gewisse Totalität in sich schließen, eine gewisse Reihe
fordern, ähnliches und fremdes in meinem Geiste aufregen und so
von außen wie von innen an eine gewisse Einheit und Allheit
Anspruch machen. Sie sind also, was ein glückliches Sujet dem
Dichter ist, glückliche Gegenstände für den Menschen, und
weil man, indem man sie mit sich selbst recapitulirt, ihnen keine
poetische Form geben kann, so muß man ihnen doch eine
ideale geben, eine menschliche im höhern Sinn, das man
auch mit einem so sehr mißbrauchten Ausdruck sentimental nannte,
und Sie werden also wohl nicht lachen, sondern nur lächeln,
wenn ich Ihnen hiermit zu meiner eignen Verwunderung darlege,
daß ich, wenn ich irgend von meinen Reisen etwas für Freunde
oder für's Publicum aufzeichnen soll, wahrscheinlich noch in Ge-

fahr komme empfindfame Reifen zu fdreiben. Dod idj
würde, wie Sie mid woljl kennen, kein Wort, aud das verru-
fenfte nicht fürdten, wenn bie Behanblung mid rechtfertigen, ja
wenn id fo glüdlid feyn könnte einem verrufenen Raljmen feine
Würbe wieber zu geben.

Idj berufe midj auf bas, was Sie felbft fo fdön entwidelt
haben, auf bas was zwifdjen uns Sprachgebraud ift unb fahre
fort: Wann ift eine fentimentale Erfdeinung (bie wir nidjt ver-
adjten bürfen wenn fie aud nod fo läftig ift) unerträglid?
idj antworte: wenn bas Ideale unmittelbar mit bem Gemeinen
verbunben wirb, es kann bies nur burd eine leere, gehalt- unb
formlofe Manier gefdehen, benn beybe werben baburd vernidtet,
bie Ibee unb ber Gegenftanb, jene, bie nur bebeutenb feyn unb
fid nur mit bem bebeutenben befdäftigen kann, unb biefer, ber
redt wader, brav unb gut feyn kann ohne bebeutenb zu feyn.

Bis jetzt habe idj nur zwey foldjer Gegenftänbe gefunben:
ben Plaz auf bem id wohne, ber in Abfidt feiner Lage unb
alles beffen was barauf vorgeht in einem jeben Momente fymbo-
lifdj ift, unb ben Raum meines großväterlidjen Haufes, Hofes
unb Gartens, ber aus bem befdränkteften, patriardjalifden Zu-
ftanbe, in weldjem ein alter Sdultheiß von Frankfurt lebte, burd
klug unternehmenbe Menfden zum nützlidften Waaren- unb
Marktplaz veränbert wurbe. Die Anftalt ging burd fonberbare
Zufälle bey bem Bombarbement zu Grunbe unb ift jetzt, größtentheils als Sdutthaufen, nod immer bas boppelte beffen werth
was vor 11 Jahren von ben gegenwärtigen Befizern an bie Meinigen bezahlt worben. In fo fern fid nun benken läßt baß bas
Ganze wieber von einem neuen Unternehmer gekauft unb herge-
ftellt werbe, fo fehn Sie leidt baß es, in mehr als Einem Sinne,
als Symbol vieler taufenb anbern Fälle, in biefer gewerbreidjen
Stabt, befonbers vor meinem Anfdauen, baftehen muß.

Bey biefem Falle kommt benn freylid eine liebevolle Erinn-
rung bazu, wenn man aber, burd biefe Fälle aufmerkfam ge-
madt, künftig bey weitern Fortfdritten ber Reife nidt fowohl
auf's merkwürbige fonbern auf's bebeutenbe feine Aufmerk-
famkeit ridtete, fo müßte man, für fid unb anbere, bod zulezt

eine schöne Erndte gewinnen. Ich will es erst noch hier versuchen was ich symbolisches bemerken kann, besonders aber an
fremden Orten, die ich zum erstenmal sehe, mich üben. Gelänge
das, so müßte man, ohne die Erfahrung in die Breite verfolgen
zu wollen, doch, wenn man auf jedem Platz, in jedem Moment
so weit es einem vergönnt wäre, in die Tiefe ginge, noch immer
genug Beute aus bekannten Ländern und Gegenden davon tragen.

Sagen Sie mir Ihre Gedanken hierüber in guter Stunde,
damit ich erweitert, befestigt, bestärkt und erfreut werde. Die
Sache ist wichtig, denn sie hebt den Widerspruch, der zwischen
meiner Natur und der unmittelbaren Erfahrung lag, den in früherer Zeit ich niemals lösen konnte, sogleich auf, und glücklich,
denn ich gestehe Ihnen, daß ich lieber gerad nach Hause zurückgekehrt wäre, um, aus meinem Innersten, Phantome jeder Art her-
vorzuarbeiten, als daß ich mich noch einmal, wie sonst (da mir
das Aufzählen eines Einzelnen nun einmal nicht gegeben ist) mit
der millionfachen Hydra der Empirie herumgeschlagen hätte; denn
wer bey ihr nicht Luft oder Vortheil zu suchen hat der mag sich
bey Zeiten zurückziehen.

So viel für heute, ob ich gleich noch ein verwandtes wichtiges Capitel abzuhandeln hätte, das ich nächstens vornehmen und
mir auch Ihre Gedanken darüber erbitten werde. Leben Sie recht
wohl, grüßen die Ihrigen und lassen von meinen Briefen, außer
den Nächsten, niemand nichts wissen noch erfahren.

Frankfurt d. 17. August 1797.   G.

14.
An C. G. Voigt.

[Concept.]   [Frankfurt, d. 17. Aug. 97.]

Die hiesige Stadt, mit ihrer Beweglichkeit und den Schau-
spielen verschiedener Art, die sich täglich erneuern, so wie die
mannigfaltige Gesellschaft, geben eine gar gute und angenehme
Unterhaltung, ein jeder hat zu erzählen wie es ihm in jenen ge-
fährlichen und kritischen Tagen ergangen, wobey denn manche
lustige und abentheuerliche Geschichten vorkommen. Am liebsten

aber höre ich diejenigen Perſonen ſprechen die, ihrer Geſchäfte und
Verhältniſſe wegen, viele der Hauptperſonen des gegenwärtigen
Kriegsdramas kennen gelernt, auch beſonders mit den Franzoſen
mancherley zu ſchaffen gehabt haben und das Betragen dieſes
ſonderbaren Volkes, von mehr als einer Seite, kennen lernten.
Einige Details und Reſultate verdienen aufgezeichnet zu werden.

Der Franzos iſt nicht einen Augenblick ſtill, er geht, ſchwätzt,
ſpringt, pfeift, ſingt und macht durchaus einen ſolchen Lärm, daß
man in einer Stadt und in einem Dorfe immer eine größere Anzahl zu ſehen glaubt als ſich darin befinden, an Statt daß der
Öſterreicher ſtill, ruhig und ohne Äußerung irgend einer Leiden-
ſchaft, gerade vor ſich hinlebt. Wenn man ihre Sprache nicht
verſteht, werden ſie unwillig, ſie ſcheinen dieſe Forderung an die
ganze Welt zu machen, ſie erlauben ſich alsdann manches um ſich
ſelbſt ihre Bedürfniſſe zu verſchaffen; weiß man aber mit ihnen
zu reden und ſie zu behandeln, ſo zeigen ſie ſich gleich als bons
enfans und ſetzen ſehr ſelten Unart oder Brutalität fort, dagegen erzählt man von ihnen manche Erpreſſungsgeſchichten unter
allerley Vorwänden wovon verſchiedene luſtig genug ſind. So
ſollen ſie an einem Ort, wo Caballerie gelegen, beym Abzuge verlangt haben, daß man ihnen den Miſt bezahlen ſolle. Als man
ſich deſſen geweigert, ſo ſetzten ſie ſo viel Wagen in Requiſition
als nöthig ſey um dieſen Miſt nach Frankreich zu führen, da man
ſich denn natürlich entſchloß lieber ihr erſtes Verlangen zu befriedigen. An einigen andern Orten behauptet man: der ab-
reiſende General laſſe ſich jederzeit beſtehlen, um wegen Erſatz
des Verluſtes noch zuletzt von dem Orte eine Auflage fordern zu
können. Bey einer Mahlzeit ſind ihre Forderungen ſo beſtimmt
und umſtändlich, daß ſogar die Zahnſtocher nicht vergeſſen werden.
Beſonders iſt jetzt der gemeine Mann ſehr auf's Geld begierig
weil er keins erhält, ob er gleich genährt wird und er ſucht daher auch von ſeiner Seite etwas mit Façon zu erpreſſen und zu
erſchleichen. So hält z. E. auf dem Wege nach den Bädern
jede ausgeſtellte Poſt die Reiſenden an, unterſucht die Päſſe und
erſinnt alle erdenkliche Schwierigkeiten, die man durch ein kleines
Trinkgeld gar leicht hebt, man kommt aber auch wenn man nur

Zeit verlieren und sich mit ihnen herumbisputiren will endlich ohne Geld durch. Als Einquartirung in der Stadt haben sie sowohl das erste als zweyte Mal gutes Lob, dagegen waren ihre Requisitionen unendlich und oft lächerlich, da sie wie Kinder oder wahre Naturmenschen alles was sie sahen zu haben wünschten.

In den Canzleien ihrer Generale wird die große Ordnung und Thätigkeit gerühmt, so auch der Gemeingeist ihrer Soldaten und die lebhafte Richtung aller nach Einem Zweck. Ihre Generale, ob gleich meist junge Leute, sind ernsthaft und verschlossen, gebieterisch gegen ihre Untergebenen und in manchen Fällen heftig und grob gegen Landsleute und Fremde, sie haben den Duell für abgeschafft erklärt, weil eine Probe der Tapferkeit bey Leuten die so oft Gelegenheit hätten sie abzulegen auf eine solche Weise nicht nöthig sey. Zu Wiesbaden forderte ein Trierischer Officier einen französischen General heraus, dieser ließ ihn sogleich arretiren und über die Grenze bringen.

Aus diesen wenigen Zügen läßt sich doch gleich übersehen, daß in Armeen von dieser Art eine ganz eigene Energie und eine sonderbare Kraft wirken müsse und daß eine solche Nation in mehr als einem Sinne fürchterlich sey.

Die Stadt kann von Glück sagen daß sie nicht wieder in ihre Hände gekommen ist, weil sonst der Requisitionen ohngeachtet des Friedens kein Ende gewesen wäre. Die Dörfer in denen sie liegen werden alle ruinirt, jede Gemeinde ist verschuldet und in den Wochenblättern stehn mehrere, welche Capitalien suchen, dadurch ist auch die Theurung in der Stadt sehr groß. Ich werde ehestens eine Liste überschicken. Ein Hase z. B. kostet 2 Gulden und ist doch für dieses Geld nicht einmal zu haben.

15.

An Sömmerring.

Man giebt sonst den Autoren Schuld, daß sie eigene Schriften am liebsten lesen, und was werden Sie sagen, wenn ich Sie ersuche, mir in der Forsterschen Auction die zwei Sammlungen meiner Schriften, sowohl die ältere als die neuere, zu kaufen?

Es verſteht ſich, daß Sie um einen leiblichen Preis weggehen
und die 10 Bände nicht über 8 Gulden kommen. Ich habe ſchon
ſeit mehreren Jahren kein Exemplar meiner Schriften im Hauſe
und ich habe jetzt beſondere Urſache ſie wieder einmal von neuem
durchzuſehen. Wollten Sie ſodann auch die Gefälligkeit haben,
No. 144 pag. 13. für mich zu erſtehen, ein Werkchen, das wahr-
ſcheinlicher Weiſe nicht ſehr hinaufgetrieben wird. Meine Mutter
wird die Auslage mit Dank erſetzen.

Ich gehe zu Ende dieſer Woche von hier ab und will nun zuerſt
einmal ſehen was ſich in Schwaben ereignet und dann weiter in die
Schweiz vorrücken. Leben Sie recht wohl und grüßen Ihre liebe Frau.

Frankfurt am 21. Aug. 1797.

Goethe.

16.
An Chriſtiane Vulpius.

Vor allen Dingen muß ich dich bitten, mein liebes Kind,
daß du dich über meine weitere Reiſe nicht ängſtigſt und dir
nicht die guten Tage verdirbſt die du haben kannſt. Du haſt
dich mit deinen eignen Augen überzeugt daß ich in meiner hieſigen
Lage nicht würde arbeiten können, und was ſollte ich ſonſt hier
thun? da das allgemeine der Stadt bald beobachtet iſt und ich
kein beſonderes Verhältniß weder habe noch haben mag. Die
Jahrszeit iſt ſo ſchön, daß man ſchon den täglich beneidet, den
man zum Thor hinaus fahren ſieht.

Du weißt überhaupt und haſt auch auf der letzten Reiſe
geſehen, daß ich bey ſolchen Unternehmungen ſorgfältig und vor-
ſichtig bin, du kannſt leicht denken daß ich mich nicht von heiler
Haut in Gefahr begeben werde, und ich kann dir wohl gewiß
verſichern, daß ich diesmal nicht nach Italien gehe. Behalte das
für dich und laß die Menſchen reden was ſie wollen, du weißt
ja die Art des ganzen Geſchlechts, daß es lieber beunruhigt und
hetzt, als tröſtet und aufrichtet. Halte gut Haus und richte dich
ſo ein, daß du mich entweder empfangen, oder auch vielleicht
wieder zu mir kommen kannſt. Du haſt bey deiner kurzen Abweſen-
heit geſehen wie ſich deine Leute betragen haben und was du

allenfalls für Einrichtungen machen müßtest, wenn du länger wegbleiben solltest. Sorge ja für das Kind und rede mit dem Doctor ab, was man allenfalls künftig auf der Reise thut, wenn das Übel wiederkommen sollte.

Ich bin recht wohl zufrieden daß du dir die goldnen Schnuren anschaffst und dich recht hübsch herausputzest, auch liegt ein Blättchen an Herrn Zapf bey, laß es von deinem Bruder ordentlich siegeln und überschreiben.

Auch für einen Eimer Marlobrunner 81er für den Bauverwalter ist gesorgt, wovon du Nachricht geben kannst, es ist ein excellenter Wein, ich habe ihn gestern ausgesucht. Ich werde ihn unter meiner Abbresse und, um mehrerer Sicherheit willen, unfrankirt schicken, du übergiebst dem Bauverwalter gleich den Wein und bezahlst die Fracht, Accis und Transsteuer.

Hierbey liegt auch eine Anweisung auf Zweyhundert Thaler, die du bey Herrn Geheimbde Rath Voigt auf Michael erheben kannst.

Ich lege dir auch die Preise von verschiednen Victualien bey, wie Sie gegenwärtig hier bezahlt werden, du wirst dich freuen daß du in deiner Küche nicht so theure Waare brauchst.

Die gute Mama schickt dir eine sehr schöne Tasse und noch einiges Zuckerwerk für's Kind und dich, laß dagegen sogleich, durch deinen Bruder wenn du es selbst nicht finden kannst, Hufe-lands Buch über das lange Leben, in zwey Bänden, in meiner Bibliothek suchen und schicke es ihr mit einem dankbaren, heitern Briefe. Laß auch den Kleinen schreiben, denn sie ist gar zu gut gegen euch gesinnt.

Mein Koffer ist nunmehr nach Stuttgard fort und ich er-warte nur daß das Wetter sich ein wenig bestätigt. Denn vor acht Tagen hatten wir ein Gewitter, das 15 Stunden dauerte, und seit der Zeit ist das Wetter kühl, trüb und veränderlich.

Lebe recht wohl und behalte mich lieb grüße den Kleinen und gieb ihm beyliegendes Blättchen. Schreibe mir bald du sollst auch immer von mir hören.

Franckfurt d. 24ten Aug. 1797.   G.

17.
An C. G. Voigt.

Für das mir gezeigte freundschaftliche Andenken und die
ertheilten Nachrichten danke zum schönsten. So viel Interessantes
uns auch in der Fremde umgiebt, so behalten doch die Verhältnisse von zu Hause immer eine größere Nähe, in die man sich
am besten und am liebsten hinein denkt und fühlt.

Ich sende hier die Preise, wie ich sie theils aus dem Wochen-
blatt, theils durch einige Nachfragen erfahren habe, Sie werden
daraus sehen daß gewisse Victualien in einem sehr hohen Preise
stehen, wegen der Früchte wird eine Reduction auf unser Maß
die nöthige Belehrung geben.

Die Ernde will man hier nicht loben, es soll in den Bunden,
in Maß und Gewicht fehlen und sie soll daher nur höchstens für
eine halbe Ernde zu halten seyn. Aus der Gegend von Heidelberg aber sind bessere Nachrichten.

Der Gerstenpreis auf der Tabelle steht wohl nur so hoch,
weil es noch alte Gerste ist.

Was man überhaupt von Krieg und Frieden denken soll
weiß niemand. Im Ganzen scheint es wohl daß sich alles entweder zugleich lösen, oder zugleich wieder verwirren wird. Österreich setzt sich auf alle Weise in einen formidablen Zustand.

Die Noth der Ortschaften, in welchen die Franzosen gegenwärtig noch liegen, geht über alle Begriffe. Die Gemeinden der
Städte und Dörfer verschulden sich dergestalt, daß sie auf ewige
Zeiten keine Rettung sehen, indem sich jede nur in dem Taumel
der Bedrückung für den Augenblick retten will. Man sagt, mehrere
wünschten auszuwandern und alles gegenwärtige zurückzulassen,
um sich nur auf die Zukunft nicht zu verbürgen.

Auf einem besondern Blatte bin ich so frey Sie um Erhebung
meines Michaelisquartals zu bitten. Haben Sie die Güte Zweyhundert Thaler davon gegen eine, von mir unterzeichnete Anweisung,
welche man Ihnen seiner Zeit präsentiren wird, an die Meinigen
zu zahlen. Ferner die Zurechnungen bey sich gefällig aufzuheben und
das übrige baldigst an meine Mutter nach Frankfurt zu übermachen.

Bey dem Schloßbau werden Sie, nach alter Art und Weise, schrittweise fort gehen und das Nöthige zu besorgen die Güte haben; sollte unser neuer Mitkommissarius der, wie wir schon wissen, zu skeptischen Äußerungen geneigt ist, bey Fällen wo es die Construction betrifft Zweifel, die Bedenken machten, vorbringen, so würde wohl auf einen fremden Baumeister und, meo Voto auf einen sächsischen, zu compromittiren seyn. Doch weiß ich leider aus der Erfahrung wie wenig bey solchen Consultationen herauskommt und wie kostspielig sie sind. Daher sey alles Ihrer klugen Leitung überlassen.

Dürfte ich bitten von nun an die Briefe an mich an Cotta nach Tübingen zu abbreßiren.

Meine Mutter empfiehlt sich bestens und wünschte nur einen so werthen Freund ihres Sohnes auch einmal auf ihrem heitern Zimmer bewirthen zu können.

Leben Sie recht wohl und empfehlen mich den werthen Ihrigen. Frankfurt den 24. Aug. 97.

Goethe.

18.
An Kirms.

Ich wünsche Ew. Wohlgeboren Glück, daß bei dem Theater bisher, so wie auch auf Ihrer Reise Alles gut gegangen ist, ich hoffe daß die Neuangekommenen, so wie die Verschriebenen gut einschlagen werden. Geben Sie mir von Zeit zu Zeit Nachricht, wie sich die Leute halten und suchen Sie was wir Gutes haben ja zu conserviren. Man sieht an dem Frankfurter Theater, das vor einem Jahre viel Verlust an Mitgliedern erlitten, wie schwer sie gegenwärtig zu ersetzen sind.

Wenn der Riß des Lauchstädter Theaters fertig ist, so schicken Sie mir eine Copie davon auf fein Papier gezeichnet, wie ich überhaupt künftig alle Beilagen, wegen des mit mehrerer Entfernung wachsenden Porto's, wegzulassen bitte.

Es ist hier ein fürtrefflicher Decorationsmaler; wenn wir diesen, auf's Frühjahr, sowohl für die neuen Lauchstädter Decorationen als für unsere eignen auf einige Zeit haben könnten, so wären wir geborgen. Ich will suchen deshalb einige Einleitung zu machen. Die hiesigen Decorationen zu „Palmira" sind so schön, daß ich gern dieselben noch einmal, ohne Stück, zu sehen mein Entrec bezahlen würde.

Es ist recht gut, daß Sie gegen Rudolstadt Ernst gebrauchen. Wir sollten überhaupt künftig, wenn unser Theater fortfährt sich zu verbessern, bei unsern fortdauernden verhältnißmäßig großen Ausgaben die Leute auch an bessere Bezahlung gewöhnen.

Indessen haben Sie die Güte, in der neuen Form die Sache dergestalt fortzuführen, daß die kleinen Mängel jederzeit abgethan werden, damit kein großes Übel entstehe. —

Man muß nur in die Fremde gehen um das Gute kennen zu lernen, was man zu Hause besitzt.

Ich gehe diese Woche noch von hier ab und werde meinen Weg über Stuttgard nach der Schweiz nehmen. Meine Abresse machen Sie künftig:

Geheimerath v. Goethe,
abzugeben bei Frau Rath Goethe
Gefälligst nachzuschicken
Frankfurt a. M.

Meine Mutter wird von meinem Aufenthalt immer unter-richtet seyn.

Die Beilage schicke ehestens in einem Kästchen zurück, das ohnedies nach Weimar geht.

Ich wünsche recht wohl zu leben.

Frankfurt am 24. August 1797. G.

19.
An Schiller.
Frankfurt 22. Aug. 1797.

Ihr reiches und schönes Packetchen hat mich noch zur rechten Zeit erreicht, in einigen Tagen gedenke ich wegzugehen und kann Ihnen über diese Sendung noch von hier aus einige Worte sagen.

Der Almanach nimmt sich schon recht stattlich aus, besonders wenn man weiß was noch zurück ist, die erzählenden Gedichte geben ihm einen eignen Charakter.

Die Kraniche des Ibykus finde ich sehr gut gerathen, der Übergang zum Theater ist sehr schön, und das Chor der Eumeniden am rechten Platze. Da diese Wendung einmal erfunden ist, so kann nun die ganze Fabel nicht ohne dieselbe bestehen, und ich würde, wenn ich an meine Bearbeitung noch denken möchte, dieses Chor gleichfalls aufnehmen müssen.

Nun auch einige Bemerkungen: 1) der Kraniche sollten, als Zugvögel, ein ganzer Schwarm seyn, die sowohl über den Ibykus als über das Theater wegfliegen, sie kommen als Naturphänomen und stellen sich so neben die Sonne und andere regelmäßige Erscheinungen. Auch wird das Wunderbare dadurch weggenommen, indem es nicht eben dieselben zu seyn brauchen, es ist vielleicht nur eine Abtheilung des großen wandernden Heeres und das zufällige macht eigentlich, wie mich dünkt, das ahnungsvolle und sonderbare in der Geschichte. 2) Dann würde ich nach dem 14. Verse, wo die Erinnyen sich zurückgezogen haben, noch einen Vers einrücken, um die Gemüthsstimmung des Volkes, in welche der Inhalt des Chors sie versetzt, darzustellen, und von den ernsten Betrachtungen der Guten zu der gleichgültigen Zerstreuung der Ruchlosen übergehen, und dann den Mörder zwar dumm, roh und laut, aber doch nur dem Kreise der Nachbarn vernehmlich, seine gaffende Bemerkung ausrufen lassen. Daraus entständen zwischen ihm und den nächsten Zuschauern Händel, dadurch würde das Volk aufmerksam u. s. w. Auf diesem Weg, so wie durch den Zug der Kraniche würde alles ganz in's Natürliche gespielt und nach meiner Empfindung die Wirkung erhöht, da jetzt der 15. Vers zu laut und bedeutend anfängt und man fast etwas anders erwartet. Wenn Sie hie und da an den Reim noch einige Sorgfalt wenden, so wird das übrige leicht gethan seyn, und ich wünsche Ihnen auch zu dieser wohlgerathnen Arbeit Glück.

Über den eigentlichen Zustand eines aufmerksamen Reisenden habe ich eigne Erfahrungen gemacht und eingesehen worinn sehr

oft der Fehler der Reisebeschreibungen liegt. Man mag sich
stellen wie man will so sieht man auf der Reise die Sache nur
von Einer Seite und übereilt sich im Urtheil, dagegen sieht man
aber auch die Sache von dieser Seite lebhaft und das Urtheil ist
in gewissem Sinne richtig. Ich habe mir daher Acten gemacht,
worinn ich alle Arten von öffentlichen Papieren die mir eben jetzt
begegnen, Zeitungen, Wochenblätter, Predigtauszüge, Verordnungen,
Comödienzettel, Preiscurrante einhesten lasse und sodann auch sowohl das, was ich sehe und bemerke, als auch mein augenblick-
liches Urtheil einhefte, ich spreche sodann von diesen Dingen in
Gesellschaft und bringe meine Meinung vor, da ich denn bald
sehe in wie fern ich gut unterrichtet bin, und in wie fern mein Urtheil mit dem Urtheil wohl unterrichteter Menschen übereintrifft.
Ich nehme sodann die neue Erfahrung und Belehrung auch wieder
zu den Acten, und so giebt es Materialien, die mir künftig als
Geschichte des äußern und innern interessant genug bleiben müssen.
Wenn ich bey meinen Vorkenntnissen und meiner Geistesgeübtheit
Lust behalte, dieses Handwerk eine Weile fortzusetzen, so kann ich
eine große Masse zusammenbringen.

Ein paar poetische Stoffe bin ich schon gewahr worden, die
ich in einem feinen Herzen aufbewahren werde, und dann kann
man niemals im ersten Augenblicke wissen was sich aus der
rohen Erfahrung in der Folgezeit noch als wahrer Gehalt
aussondert.

Bey allem dem leugne ich nicht daß mich mehrmals eine Sehn-
sucht nach dem Saalgrunde wieder anwandelt und, würde ich heute
dahin versetzt, so würde ich gleich, ohne irgend einen Rückblick, etwa
meinen Faust oder sonst ein poetisches Werk anfangen können.

An Wallenstein denken Sie wohl gegenwärtig, da der Almanach besorgt seyn will, wenig oder nicht? lassen Sie mich doch
davon, wenn Sie weiter vorwärts rücken, auch etwas vernehmen.

Das hiesige Theater ist in einem gewissen Sinne nicht übel,
aber viel zu schwach besetzt. es hat freylich vor einem Jahre
einen gar zu harten Stoß erlitten, ich wüßte wirklich nicht was
für ein Stück von Werth und Würde man jetzt hier leidlich
geben könnte.

Frankfurt den 23. Aug. 1797.

Zu dem was ich gestern über die Ballade gesagt muß ich noch heute etwas zu mehrerer Deutlichkeit hinzufügen. Ich wünschte, da Ihnen die Mitte so sehr gelungen, daß Sie auch noch an die Exposition einige Verse wendeten, da das Gedicht ohnehin nicht lang ist. Meo voto würden die Kraniche schon von dem wandernden Ibykus erblickt, sich, als Reisenden, verglich' er mit den reisenden Vögeln, sich, als Gast, mit den Gästen, zöge daraus eine gute Vorbedeutung, und rief' alsdann unter den Händen der Mörder die schon bekannten Kraniche, seine Reisegefährten, als Zeugen an. Ja wenn man es vortheilhaft fände, so könnte er diese Züge schon bey der Schiffahrt gesehen haben. Sie sehen was ich gestern schon sagte, daß es mir darum zu thun ist aus diesen Kranichen ein langes und breites Phänomen zu machen, welches sich wieder mit dem langen verstrickenden Faden der Eumeniden, nach meiner Vorstellung, gut verbinden würde. Was den Schluß betrifft habe ich gestern schon meine Meinung gesagt. Übrigens hatte ich in meiner Anlage nichts weiter was Sie in Ihrem Gedicht brauchen können.

Gestern ist auch Hölterlein bey mir gewesen, er sieht etwas gedrückt und kränklich aus, aber er ist wirklich liebenswürdig und mit Bescheidenheit, ja mit Ängstlichkeit offen. Er ging auf verschiedene Materien, auf eine Weise ein, die Ihre Schule verrieth, manche Hauptideen hatte er sich recht gut zu eigen gemacht, so daß er manches auch wieder leicht annehmen konnte. Ich habe ihm besonders gerathen kleine Gedichte zu machen und sich zu jedem einen menschlich interessanten Gegenstand zu wählen. Er schien noch einige Neigung zu den mittlern Zeiten zu haben in der ich ihn nicht bestärken konnte. Hauptmann Steigentesch werde ich wohl nicht sehen, er geht hier ab und zu, meine Anfrage hat ihn einigemal verfehlt und ein Billet, das ich das letztemal für ihn zurückließ, findet er vielleicht erst nach meiner Abreise. Grüßen Sie Ihre liebe Frau und unsere dichterische Freundinnen. Ich habe immer noch gehofft Ihnen noch etwas zum Musenalmanach zu schicken, vielleicht ist die schwäbische Luft ergiebiger. Eigentlich gehe ich von hier aus erst in die

Fremde und erwarte um desto sehnlicher einen Brief von Ihnen
bey Cotta.   G.

Frankfurt d. 24. Aug. 1797.

Ich will Ihnen doch noch von einer Arbeit sagen die ich
angefangen habe und die wohl für die Horen seyn wird. Ich
habe gegen zweyhundert französische satyrische Kupfer vor mir, ich
habe sie gleich schematisirt und finde sie gerichtet:

I. Gegen Fremde.
  a) England.
  b) Den Papst.
  c) Österreich.
II. Gegen Einheimische.
  a) Das alte Schreckensreich.
  b) Modefrazen.
    1. In ihrer Übertriebenheit dargestellt.
    2. In Verhältnissen unter einander.
    3. In Verhältnissen zu veralteten Frazen.
    4. In Finanz- oder andern politischen Verhältnissen.
  c) Gegen Künstlerfeinde.

Ich fange an, sie nun einzeln zu beschreiben und es geht recht
gut, denn da sie meist dem Gedanken etwas sagen, witzig, symbolisch, allegorisch sind, so stellen sie sich der Imagination oft
eben so gut und noch besser dar als dem Auge, und wenn man
eine so große Masse übersehen kann, so lassen sich über französischen Geist und Kunst, im allgemeinen, recht artige Bemerkungen
machen und das Einzelne, wenn man auch nicht lichtenbergi-
siren kann noch will, läßt sich doch immer heiter und munter
genug stellen, daß man es gerne lesen wird. In der Schweiz finde
ich gewiß noch mehr und vielleicht auch die frühern. Es würde
daraus ein ganz artiger Aufsatz entstehen, durch welchen das
Octoberstück einen ziemlichen Beytrag erhalten könnte. Im Merkur
und Modejournal und anderswo sind schon einige angeführt, die
ich nun in's ganze mit hereinnehme. Ich hoffe daß sich von
dieser oder ähnlicher Art noch manches auf der Reise finden wird
und daß ich vom October an wieder mit tüchtigen Beyträgen

werde bienen können. Denn eigentlich muß man sich's nur vornehmen, so geht es auch. Der gegenwärtige Almanach macht mir
doppelt Freude, weil wir ihn doch eigentlich durch Willen und
Vorsatz zu Stande gebracht. Wenn Sie Ihre dichterischen Freunde
und Freundinnen nur immerfort aufmuntern und in Bewegung
erhalten, so dürfen wir uns künftiges Frühjahr nur wieder
4 Wochen zusammensetzen und der nächste ist auch wieder fertig.

Leben Sie recht wohl und schreiben mir oft und viel.
Mein Coffre ist nach Stuttgard fort und wenn das Wetter, das
diese letzte Zeit regnicht, kalt und trüb war, sich wie es scheint
wieder aufheitert, so lasse ich gleich anspannen. Durch die Bergstraße möchte ich freylich an einem recht heitern Tag.   G.

20.
An den Herzog Carl August.

Mein Bündel ist nun auch wieder geschnürt um hier weg-
zuwandern, ich werde vorerst auf Stuttgard und sodann auf
Tübingen und Schafhausen gehen.

Hier habe ich vieles gesehen, bemerckt und aufgezeichnet.
Einiges lege ich abschriftlich bey. Es ist mir von Anfange mehr
um Übung als um das bedeutende des Gegenstandes zu thun, da
mein Gedächtniß dem Siebe der Danaiden gleicht, so verliere
ich gar zu viel wenn ich nicht gleich schreibe oder dictire. Hoffent-
lich kann ich künftig mit bedeutendern Aufsätzen aufwarten.

Krieg und Friede schweben noch immer auf ungewissen Schaalen.
Wenn nur nicht die Cabinete eben so unsicher als wir andern
darüber sind!

Geh. R. Voigt habe einen Preis Zettel von allerley Be-
dürfnissen beygelegt. Sie werden Sich über die Höhe mancher ver-
wundern. Ich wünsche daß die Verlöbniß Feste mögen fröhlich
und glücklich vorbey gegangen seyn und bitte mir ein gnädiges
Andenken zu erhalten.

Franckfurt d. 24. Aug. 97.

Goethe.

21.
An J. H. Meyer.

Mein Koffer ist nun auch für Stuttgard fort und ich werde nicht säumen nachzufolgen. Meine Hoffnung und Freude Sie bald wieder zu sehen ist sehr groß, machen Sie mir bey sich auf dem Lande ein Winkelchen bereit wo wir eine Zeit lang zusammen leben können. Bis wir uns so manche Facta mittheilen, uns über Standpunct und Methode vereinigen und das gesammelte zu verarbeiten auch nur anfangen, wird schon eine Zeit hingehen. Wenn uns die Witterung begünstigt, so können wir in jedem Sinne angenehme Tage verleben. Bey allem ist mir nichts erfreulicher als die Wiederherstellung Ihrer Gesundheit. Leben Sie recht wohl, schreiben Sie mir ein Wort nach Tübingen an Cotta. Von Stuttgard erhalten Sie ein Briefchen. Ich lege ein nordisches Absurdum bey und wünsche recht wohl zu leben.

Frankfurt d. 24. Aug. 97.   G.

22.
An Johann Friedrich Cotta.

Frankfurt den 24. Aug. 1797.

Da ich in einiger Zeit nach Stuttgard abzugehen und dann auch bald in Tübingen einzutreffen gedenke, so habe ich hierdurch mich zum Voraus bey Ihnen anmelden und zugleich versichern wollen, wie angenehm es mir seyn werde Sie und die Ihrigen in guter Gesundheit anzutreffen.

Haben Sie die Güte inliegenden Brief weiter zu befördern so wie ich die Briefe, welche an mich anlangen sollten bey sich zu verwahren bitte. Ich wünsche recht wohl zu leben und empfehle mich einem freundlichen Empfang.

J. W. v. Goethe.

23.
An Gottlieb Heinrich Rapp.
[Concept.]

Herr Hofrath Schiller trug mir beym Abschiede besonders auf, Ihnen, hochgeehrtester Herr, wenn ich nach Stuttgard komme

würde seine Empfehlung auszurichten. Ich thue es früher indem
ich Sie zugleich um eine Gefälligkeit ersuche. Mit der heutigen
fahrenden Post geht ein Koffer ab den ich an Sie zu abbreffiren
mir die Freyheit genommen habe. Ich bitte denselben so lange
bey sich zu verwahren bis ich das Vergnügen habe Ihnen aufzuwarten und Ihre schätzbare Bekanntschaft zu machen. Haben Sie
die Güte mich denen Personen zu empfehlen die sich aus früherer
Zeit meiner erinnern und auf deren Wiedersehen ich mich besonders freue. Lassen Sie mich hoffen daß ich Sie gesund finden
und zur rechten und gelegenen Stunde bey Ihnen eintreffen werde.
Der ich Ihnen zum voraus bestens empfohlen zu seyn wünsche.

Frankfurt den 24. Aug. 1797.

24.

An Boedmann.

[Concept.]

Es ist ein sonderbarer Fall daß ich, nach einem so langen
Aufenthalte in Weimar, mich eben in Frankfurt a. M. befinden
muß, da Ihr werthgeschätztes Schreiben mich dort auffucht. Es ist mir
hierher nachgekommen und da zugleich höre daß Fräul. v. Staff
zwar gegenwärtig nicht mehr in Weimar ist aber in drey Wochen
wieder hinkommt und das Kästchen also noch mitnehmen kann; so
schicke ich sogleich die nöthige Anweisung dahin ab. Ich hatte es
vor meiner Abreise in die sicherste Verwahrung gegeben und
wünsche daß es glücklich wieder in Ihre Hände kommen und zugleich ein Pfand der Ruhe und des Friedens für Sie seyn möge.

Hätten wir vor einem Jahr das Vergnügen haben können
Sie bey uns zu sehen, so würde uns aus dem so mannigfaltigen
Übel ein wünschenswerthes Gute entstanden seyn. Wie angenehm
wäre es mir gewesen Ihnen alsdann in meinem kleinen physika-
lischen Kabinet mit einigen, vielleicht nicht uninteressanten Versuchen aufzuwarten.

Ich freue mich sehr über Ihren Antheil an meinen optischen
Arbeiten denen ich viel Zeit und Sorgfalt gewidmet habe. Gegenwärtig bin ich beschäftigt sämmtliche Farbenphänomene, so viel
mir ihrer nur haben bekannt werden wollen, in einer so natür-

lichen Ordnung aufzuſtellen als mir eine geläuterte und aufrich-
tige Methode möglich machen will.

Ehe dieſe Vorarbeit gemacht, und zur Bequemlichkeit der
Freunde dieſer Wiſſenſchaft allgemein bekannt iſt, ſo iſt alles
Streiten für und wider alte und neue Hypotheſen ein bloſer Zeit-
verluſt. Eben ſo benke ich auch ſorgfältig den Apparat anzugeben
der nöthig iſt um die Phänomene in Verſuchen darzuſtellen, und
ich werde gern alsdann die Anſchaffnng deſſelben den Freunden
der Wiſſenſchaft erleichtern helfen.

Ihre intereſſante Telegraphiſche Arbeit hatte ich wohl zu
ſeiner Zeit richtig erhalten und ausgetheilt, allein die Sorge und
Zerſtreuung des Moments mag wohl mich ſowohl als die andern
Freunde damals von einer ſchuldigen Antwort abgehalten haben.

Möchten Sie ſich doch recht wohl befinden und, meiner vor-
züglichen Achtung immer gewiß, mir ein geneigtes Andenken erhalten.

Franffurt d. 24. Aug. 97.

25.
An C. G. Voigt.

[Concept.] [Franffurt, 24. Auguſt.]

Herr Hofrath Boeckmann hat das vor vier Jahren an mich
geſandte Käſtchen, welches ich, vor meiner Abreiſe, auf Fürſtl.
Archiv, zu gefälliger Bewahrung, gegeben, wieder abgefordert,
ſein Brief hat mich in Franffurt getroffen. Da ich nun den von.
dem Archive deshalb erhaltnen Schein nicht bey mir habe, vielmehr derſelbe unter meinen Papieren in Weimar aufbewahrt iſt;
ſo erſuche ich des Herrn Geh. R. Voigts Hochwohlgeb. hiermit
gehorſamſt, das gedachte Boeckmanniſche wohlbekannte Käſtchen,
an Überbringern des gegenwärtigen Blattes, auszuliefern und
dieſes ſo lange zu verwahren, bis ich es, bey meiner Rückunft
nach Weimar, gegen den Originalſchein, deſſen Kraft ich jedoch
hiermit annulire und aufhebe, auszuwechſeln im Stande ſeyn werde.

II. Tagebuch.

3. bis 25. August 1797.

3. Früh 1¼ mit Extrapost von Gelnhausen. In Hanau Pferde gewechselt, morgens 8 Uhr in Frankfurth. Abends um 8 Uhr kamen die Meinigen nach. Früh Herr von Schwarzkopf. Nachmittag bey Sömmering, über Auge. dessen schöne Arbeiten über dieses Organ.

4. Früh um die Thore gefahren, dann durch die Stadt, die neue Straße am Fahrthor gesehen, über die Brücke, Sachsenhausen, zurück, der Römer, die neue Kirche, durch die Querstraße nach der Zeile zu. Mittags mit meiner Mutter und den Meinigen in dem Schwanen gegessen. Nachmittags bey Sömmering, seine Arbeiten über das Ohr.

5. Früh um die Thore gefahren, in den Weinberg, in die Stadt zurück, auf den Pfarrthurm gestiegen, in den Wendelischen Laden. Mittags wieder im Schwanen gegessen. Nach Tische einige Briefe. Abends in die Komödie. Der Deserteur.

6. Verschiedne Anordnungen. Kamen die meinigen die Parade zu sehen. Mittags im Schwanen. Abends Schauspiel die Tempelherren.

7. Französische Kirche, deutsch reformirte besehen. Dann das Rathhaus das Schweizerische Haus. Kam Wilms. Mittag im Schwanen. Fuhren die meinigen um 3 Uhr fort. Abends bey Stocks im Garten.

Doppelte Farbe der Treppenstufen, dem Hinabgehenden angenehm, weil er nicht fehl treten kann

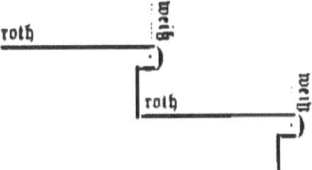

Schöne Art die Fenster einzutheilen und zu öffnen.

8. Früh verschiedne Briefe. Mittag zu Haus. Nach Tische Neuhaus von Weimar und Schmidt von Friedberg. Verschiedne Aufsätze. Abends die Müllerinn.

9. Früh verschiedne Briefe und Aufsätze. Mittag zu Hause. Abends zu Schwarzkopfs auf das Bethmannische Gut, dahin kamen noch Frau von Brink, Hr. von Floret in ChurCöllnischen Diensten, und einige andere, worunter ...... ein junger Engländer, der von unsern Macdonalds, die er in Leipzig kennen gelernt, viel Gutes sprach.

Topographische, politische Beschreibung der Reichs- Wahl- und Handelsstadt Frankfurth a/M. von D. Faber 2 Bände 1788. Versuch einer Einleitung in die Staatsverfassung der Reichsstadt Frankfurth. Erster Theil von Anton Moritz. Frankfurth 1785.

10. Früh die Briefe geschlossen. Mittag zu Hause bis gegen Abend, dann in das Schauspiel. Die 4 Vormünder.

11. Früh Fabers Beschreib. von Frankfurth, Visiten bey den Verwandten. Graf Beust. Mittag zu Hause, kam Sömmering, gegen Abend nach Oberrad zu Senat. Kellner, dann nach Offenbach zu la Roche, wo ich zwey Raischers aus Graubünden antraf und Dem. Kühn aus Eisenach als Frau des einen.

Sah ich bey Rothnagel die Radirungen von Boisieu, des Lyoners Jmgl. eine gute kleine Copie der Aurora und Cephalus des Carrache.

12. Früh bey Sömmering, verschiedene Präparate durchs Mikroscop gesehen, dann zu Herrn Schmidt. Mittag zu Hause, nach Tische Herr Demmer und Graf Beust. Abends das Mädchen von Marienburg.

13. Früh mit Sömmering in der Allee, über die Abhandlung vom Barte, die er vorhat. Ueber die Sinne, ihre Ueber-
einstimmung und Verschiedenheit. Bey Moritz Bethmann. Bey
Senator Hetzler über manches der hiesigen Staats Verhältnisse, über
die Contribution, über das Verhältniß der Syndicorum und ihren
Einfluß. Mittags zu Hause. Nach Tische Melber, seine Geschichte
vor dem Inquisitionsgerichte in Parma. Abends Palmira, sehr schöne
Vorstellung, besonders in Absicht auf Decoration. Syndicus Schmidt
in der Loge, verschiedenes über die hiesigen Staats Verhältnisse.

14. Früh mit Sömmering in der Allee, über sein Verhält-
niß, da man ihm das anatomische Theater genommen und seine
Vorsätze beßhalb. Syndicus Hut. Mit Sömmering noch ferner
über gewisse alte und neue politische Verhältnisse. Hernach bey
Frau Schmirmer und Jaquet. Bey Riesen und Doctor Hufnagel.
Mittags zu Hause. Moritz Bethmann, Willms, manches über
das hiesige Theater und seine gegenwärtige Einrichtung. Küstners
Reise. Senior Hufnagel. Über sein hiesiges Verhältniß, über
Spaldings neuste Schriften; über die hiesigen Schulen, über
Wilhelm Meister und dessen Wirkung. Zu Moritz Bethmann in den
Garten. Zwey junge Recl. aus Venedig. Über die Begeben-
heiten daselbst. Hr. Previllier erzählte viel und gut von dem
Aufenthalte der Franzosen und ihrem Betragen in Frankfurth,
ihrem Character, den leiblichen und unleiblichen Seiten, von
mancherley unverschämten Concussionen, bey Tische ward viel über
die französischen Staatspapiere gesprochen und lustige Geschichten
von Spekulationen erzählt.

15. Expedition verschiedener Briefe nach Weimar. Nach
Tische Dr. Textor und seine Frau. Abends kurzer Spaziergang
durch die Gärtnerey, vor dem Eschenheimer Thor. Früh gleichfalls,
Major Schuler und Frau; verschiedne Geschichten und Vorfälle
vom Bombardement.

16. Früh abermals Briefe nach Weimar vorbereitet. Nach
Tische Brief an Schiller über Sentimentalität gewisser Beobachtungen. Abends das Städelsche Cabinet besehen.

17. Briefe völlig berichtigt, sodann durch die Stadt gegangen,
um nach verschiedenem zu sehen. Hr. Schmidt. Nachmittags mit

demselben zu Fuentes, vorher Lieut. Buchholz von den Mainzern,
wie auch Hr. Bernus. Abends Comödie. Richard Löwenherz.

18. Früh Aufsätze über die öffentlichen und Privatgebäude
der Stadt, wie auch über das natürliche in Kunstwerken. Mittag
zu Hause, Hr. v. Fleischbein b. ältere. Gegen Abend zu Hrn.
Städel, den übrigen Theil seiner Gemählde zu sehen.

19. Schluß des Dialogs über das Natürliche in Kunstwerken.
Abends bey Hrn. Städel. Nachts war das große Gewitter, das
vom Abend bis an den Morgen dauerte. NB. Das Phänomen
des dunkeln Streifens zwischen den zwey Regenbogen näher zu
beschreiben und zu untersuchen.

20. Früh nach Bockenheim, die Basaltgruben zu besehen.
Hr. Riese und Nikolaus Schmidt besuchten mich. Nach Tische
machte ich Visiten bey Horn, Malz, von Wiesenhüten und Abends
bey Stocks im Garten. Früh verschiedenes durchdacht, besonders
die Wirkungen verschiedner Culturen, nützlich und schädlich auf
Menschen.

21. Früh verschiedenes zu den Acten. Nach Tische Hufnagel
und von Wiesenhüten. Abends Spaziergang auf die Höhen vor
dem Eschenheimer Thor.

22. Früh verschiedne Briefe und Aufsätze, gegen Mittag
Hölderlein, nach Tische zu Fleischbein und dem Decorationsmahler.

Mittwoch, den 23. Aug.

Briefe und ein Kästchen nach Weimar expedirt, ingleichen die
Briefe und Ankündigungen nach Schwaben und der Schweiz.
Willms, Abschied zu nehmen. Beschäftigung mit den franz. sati-
rischen Kupferstichen. Ging der Koffer nach Stuttgard ab.

Donnerstag, b. 24. Aug.

Vollendung der gestrigen Expedition. Leg. R. Mattei.
b. 25. Früh nach 7 Uhr von Frankfurth ab.

III. Sonstige Quellen und Literatur.

Die vorstehend abgedruckten Briefe und Tagebuchblätter sind der Weimarer Ausgabe von Goethes Werken entnommen, die ersteren der 4. Abtheilung Weimar 1893 Bd. 12 S. 211—270, die letzteren der 3. Abtheilung Bd. 2 S. 78—84. Ich habe zu diesem Neudruck die Genehmigung der Direktion des Goethe- und Schiller-Archivs nachgesucht und erhalten. Die Tagebuchnotizen waren vor dem Abdruck in der Weimarer Ausgabe gar nicht, die Briefe wenigstens nicht in der hier gebotenen Vollständigkeit und chronologischen Anordnung gedruckt; ungedruckt waren 12, von den 25 Briefen, z. B. die an Christiane, an Meyer und m. a. (Bei den bisher ungedruckten, auch bei einzelnen schon gedruckten Briefen bedeutet Conc. das im Goethe- und Schiller-Archiv erhaltene Concept).

Mit den oben abgedruckten Briefen ist die Zahl der wirklich von Goethe abgesendeten Schreiben nicht abgeschlossen. In einem in Goethes Auftrag von dem Schreiber Geist geführten Brief-verzeichniß, in welchem auch alle oben abgedruckten mit Daten, Adresse und kurzem Inhalt aufgezählt sind, (Briefe a. a. O. 12, 465—469) werden noch folgende notirt.

5. (August) „nach Weimar, an Registrator Vulpius, vorstehend (nämlich den Brief an Voigt) eingeschlossen". Der Genannte war Christianens Bruder; es ist begreiflich, daß ihm, mit dem Goethe auch sonst in amtlichen und literarischen Beziehungen stand, Nachricht über die glücklich zurückgelegte, erste größere Reise der Schwester gegeben wurde; vielleicht wurden dem Genannten auch Aufträge ertheilt.

9. „Nach Weimar, an Frl. v. Riebesel wegen des Wendelischen Geldes." Der Inhalt dieses Briefes ist nicht leicht anzugeben. Man könnte vermuthen, daß die Adressatin von der gleich
ein paar Worte zu sagen sind, Goethe gebeten habe, in dem oben
S. 40 genannten Laden etwas für sie zu besorgen. Dagegen
spricht allerdings eine ursprünglich für das Tagebuch, 31. Juli,
1797 bestimmte, später gestrichene Notiz: „Zwey Packete an Mdme.
Wendel in Frankfurt von Frl. Riebesel" Goethes Tagebücher Bd. II,
S. 242. Die Genannte ist entweder die am 27. Okt. 1781 in
den Hofdienst eintretende Hofdame der Herzogin Luise, oder Joh.
Karl. Friederike Freiin v. Riebesel zu Eisenach, geb. 12. Mai
1774 zu Wolfenbüttel, Tochter eines braunschweigischen Generals,
gest. 14. Mai 1854 als kinderlose Wittwe des Grafen Reden.
Die letztere stand nach dem Tode ihres Gatten (1815) mit Goethe
in Verkehr wegen einer Inschrift auf dem Grabstein des Verstorbenen Friedr. Wilh. v. Reden, der Goethe sehr schätzte. Genaueres über das Vorstehende bei Fielitz, Briefe Goethes an Frau
von Stein, II, 680 ff.

21. „Nach Weimar an Fr. v. Wedel, wegen des Wiesen-
hütisch. Packets." Von Wiesenhüten ist der Name einer Frankfurter Familie, die Goethe am 20. besuchte, vgl. oben S. 42. „Wiesenhütten, von, Familie, geadelt 1728, früher Wiesenhüter, seit März
1789 Reichsfreiherrnstand, Friedr. Aug., herzogl. würtemb. Kammer-
herr und Grenadier-Hauptmann, Senator 1797, Schöff 1798,
älterer Bürgermeister 1805, resign. 1809, † 1823". (Dieß.) —
Frau v. Wedel, geb. Fräulein von Wöllwarth 1782, 20. Sept.
mit Kammerherrn und Oberforstmeister v. Wedel verheirathet,
war später Oberhofmeisterin der Herzogin Luise und als solche
Theilnehmerin an den Dienstagvorlesungen, die Goethe den Weimarer Damen 1807 hielt. Vgl. Fielitz Bd. II. 583. 659. Sie
wird auch in dem Text von Goethes Briefen an Frau von Stein
gelegentlich erwähnt, ohne daß sonst eine briefliche Verbindung
zwischen ihr und Goethe existirte. Verwandtschaftliche Beziehungen
dieser erst sehr spät geadelten Frankfurter mit der uralten, ungemein weil verzweigten Weimarer Familie, haben, wie mich Herr
Hofmarschall Graf Wedel in Weimar belehrt, schwerlich bestanden.

— Zur Sache selbst vgl. die Notiz aus dem Tagebuch, 31. Juli 1797 „Packet von Fr. von Wedel an H. v. Wiesenhüten."

„24. Nach Jena an Hofr. Lober Nachricht von dem löblichen (vielleicht Schreib- oder Lesefehler für läßlichen o. ä.) Leichtsinn, in welchem diese Stadt in den gegenwärtigen Zeiten lebt. Wunsch den Saalgrund einmal wieder zu besuchen. Ankündigung des angekommenen Packetes."

Unter den verlorenen Briefen ist dieser gewiß der wichtigste, — die übrigen waren wahrscheinlich nur Billete, das erste mit Aufträgen, die beiden anderen mit irgend einer freundlichen Wendung. Freilich ist nach dem hier gegebenen Inhaltsverzeichniß das in dem Briefe behandelte Thema auch in anderen Briefen behandelt. Worauf sich die oben mitgetheilte Schlußnotiz bezieht, ist nicht zu ermitteln. Unter den von Goethe in Frankfurt erhaltenen Sachen (vgl. unten S. 48 fg.) wird kein Lobersches Packet genannt; auch würde man statt „Ankündigung" ein Wort wie Mittheilung o. ähnl. erwarten. Sollte sich die Notiz etwa auf das von Hamburg erwartete Seeschnecken enthaltende Fäßchen beziehen, über dessen Behandlung G. seiner Christiane so heitere Vorschriften macht? (oben S. 17.) Sicher ist dies keineswegs, nicht bloß weil man ein Fäßchen nicht wohl als Packet bezeichnet, sondern weil gerade diese Art von Thieren Lobers Interesse wenig erregten. Denn Lober (1753—1832, von 1778—1803 Professor in Jena) war hauptsächlich Anatom und gerade anatomische Studien waren es, welche ihn und Goethe zusammenbrachten. Da von diesem Verhältniß erst jüngst bei Darbietung mehrerer bisher unbekannter Briefe Goethes ausführlich die Rede war (vgl. meine Veröffentlichung im G. J. XX, 124—143), so soll das Eben-gesagte nicht unnöthig wiederholt werden.

Zu den Briefen, die Goethe in Frankfurt schrieb, gehört aber noch ein von Geist nicht verzeichnetes Billet an den Hauptmann von Steigentesch, das bisher nicht bekannt ist. (An Schiller 23. Aug. oben S. 34.) Gemeint ist jedenfalls Aug. Frhr. v. St. 1774—1826, der später als Erzähler, Lustspieldichter, auch als Diplomat sich einen Namen machte, damals in Schillers Musenalmanach seine lyrischen Erstlinge veröffentlicht hatte. Er muß

derzeit bei den österreichischen Truppen in Frankfurt gestanden
haben, oder zufällig auf Urlaub oder in dienstlicher Veranlassung
entfernt gewesen sein.

Endlich ergibt sich aus den oben abgedruckten Dokumenten
die Existenz folgender bisher unbekannter und höchstwahrschein-
lich verloren gegangener Billete, die inhaltlich gewiß unbedeutend,
hier nur der Vollständigkeit wegen angeführt werden sollen: an
Zapf (S. 28 Z. 7), an August, den damals 9 jährigen Sohn
(S. 28 Z. 2 v. u.), die Quittung für Voigt (S. 29 ziemlich
unten).

Die zweite Quelle, die im Vorstehenden zum Abbruck gebracht wird, ist der Abschnitt von Goethes Tagebüchern. Er
trägt denselben Charakter wie des Dichters Tagebücher überhaupt. Sie sind keine Bekenntnisse, keine Darlegungen von Ge-
müthsstimmungen, sondern Verzeichnisse der erhaltenen und abge-
schickten Briefe, der gemachten und empfangenen Besuche, unter
gelegentlicher Mittheilung der geführten Gespräche, ferner Angabe
der angeschauten Sehenswürdigkeiten, der Lektüre. Sie haben
keinen oder sehr geringen schriftstellerischen Werth und waren nie
zur Veröffentlichung bestimmt, sondern sollten nur dem Schreiber
als Anhalt zur Erinnerung und als Quelle zur spätern schrift-
lichen Fixirung gelten. Aber gerade in Folge ihrer unmittelbaren
Gleichzeitigkeit mit den Ereignissen und durch die Abwesenheit
jeder Tendenz sind sie als authentische Berichte für die äußeren
Lebensereignisse unschätzbar und ihre Druckfegung daher für den
Forscher ein außerordentlich wichtiges Ereigniß.

Die kurzen Tagebuchnotizen sind nicht die einzige Quelle,
deren sich Goethe für eine spätere Bearbeitung bedienen konnte.
Er hatte sich ein Aktenfascikel angelegt, in das er durch den mit-
genommenen Sekretär alles Beachtenswerthe notiren ließ. (Auch
daraus ist Einzelnes gedruckt, z. B. die noch zu erwähnenden
Berichte über Kunst.) Von dem ersten Band dieser Acta kann
ich, mit Genehmigung der Direktion des Archivs den folgenden
Auszug geben; dazu das Verzeichniß der Briefe, die Goethe in
Frankfurt erhielt. Leider ist es mir aber nicht gestattet worden,
die Akten selbst anzusehn oder die Briefe zu benutzen. Die letz-

teren zum Abbruck zu bringen, lag ursprünglich in meinem Plan;
diese ungedruckten Aktenstücke hätten das Bild von Goethes Interessen, von seiner, man könnte sagen, unsichtbaren Umgebung vervollständigen helfen.

Der Auszug aus den Akten lautet:

Reise-Akten 1797 Band I.

Fol.   1. Zum Reiseschema.

Fol. 12. Auszüge aus italienischen Zeitungen
(Frankfurt 8. Aug. 97).

Fol. 25. Tabelle der Bethmannschen Familie.

Fol. 29. Frankfurter Theater (die Hauptsache davon
gedruckt Hemp. 26, 36 ff.).

Fol. 35. Inhaltsverzeichniß aus Faber, topographische, politische und historische Beschreibung von Frankfurt. (Abschrift des gedruckten Inhalts.)

Fol. 94. Einige mineralogische Nachrichten (Frankfurt den 21. August 1797).

Fol. 96. Aufzeichnungen über das jeu in Frankfurt (Frankfurt 21. August 97).

Fol. 98. Fortsetzung der Auszüge aus italienischen Zeitungen.

Fol. 116. Aufzeichnungen über das auf die Reise
mitgenommene Geld.

Aufzeichnungen der Frau Rath über das Frankfurter Theater-
personal.

Briefe an Goethe
(die er in Frankfurt erhielt).

Brief von Kirms 16. August, meist Interna der Lauchstädter
Saison betreffend.

Brief von Boeckmann am 8. August; die Antwort darauf oben
S. 38 fg.

Briefe von Meyer 20. u. 26. Juli, Kunſtſachen betreffend (cf.
Goethes Briefe vom 5. und 10. Auguſt, ſ. oben S. 1 fg , 10 fg.)
Brief von Meyer 4. Auguſt, Perſönliches und Kunſtſachen (Ita-
lien) betr.

Briefe von Chriſtiane Bulpius u. Auguſt nach ihrer Abreiſe aus
Frankfurt.
„   „   Chriſtiane, unbatirt, Auguſt, Hanau 7. Auguſt.
„   „   Chriſtiane, Salmünſter 8. Auguſt — Weimar 11.
Auguſt (Tagebuch der Rückreiſe).
„   „   Auguſt, Weimar nach der Rückkehr, unbatirt.
„   „   Chriſtiane, Weimar 13. Auguſt.
„   „   „   „   „   16. Auguſt, dazu Auguſt (wohl
vom ſelben Tag).
„   „   Chriſtiane, Weimar 18. Auguſt, dazu Auguſt vom
ſelben Tag.
„   „   Chriſttane, Weimar unbatirt (ungefähr 22.—24.
Auguſt).

Goethe begnügte ſich nicht mit der Aufzeichnung dieſer Quellen —
von benen ihm freilich der erſte für uns wichtigſte Theil, ſeine
eignen Briefe, zum Theile unzugänglich war, — viele hatte er aller-
bings in Concepten aufbewahrt — ſonbern verſuchte auch eine Dar-
ſtellung. Dieſe war ſchon beabſichtigt, als er 1823 ernſtlich baran-
ging, eine Fortſetzung ſeiner Selbſtbiographie zu ſchreiben, die
bisher nur bis zum Jahre 1792 geſchrieben und erſchienen war.
Daher kam er in der umfaſſenden, chronikartigen Geſchichte ſeines
Lebens, den „Annalen”, oder „Tag- und Jahreshefte als Ergänzung meiner ſonſtigen Bekenntniſſe”, die allerdings erſt 1830 erſchienen (A. l. H. Bb. 31. 32), aber in den älteren Partieen
ſchon Jahre vorher zum Abſchluß gebracht worden war, nur kurz
auf die Schweizerreiſe überhaupt und mit wenigen Zeilen auf
den Frankfurter Aufenthalt zu ſprechen. Der kurzen Schilberung
waren die Worte vorangeſtellt: „Da hieraus (den oben erwähnten
Akten) mit ſchicklicher Rebaktion ein ganz unterhaltendes Bänb-
chen ſich bilden ließe, ſo ſei von bem ganzen Reiſeverlauf nur
das Allgemeinſte hier angebeutet”.

Dieses Bändchen jedoch wurde von Goethe selbst nicht mehr herausgegeben. Es erschien vielmehr 1833 in dem dritten Bande der „Nachgelassenen Werke", wo es die erste Hälfte S. 1—244 einnimmt und den Titel führt: „Aus einer Reise in die Schweiz über Frankfurt, Heidelberg, Stuttgart und Tübingen im Jahre 1797".

Die Herausgeber der „Nachgelassenen Werke", Riemer und Eckermann, haben gemäß der Zurückhaltung, die sie auch sonst bei dieser Edition übten, nichts über die Entstehung des Werks oder über ihren Antheil an der ersten Ausgabe bemerkt. Für Goethes eigene Autorschaft scheint die oben angeführte Stelle zu sprechen, weil sie seine Ansicht darlegt, ein derartiges Werk zu schreiben. Doch könnte man dagegen anführen, daß Absicht und Ausführung zweierlei ist und daß gerade in den letzten Lebensjahren von dem Greise ein so ungeheures Arbeitsquantum: außer den selbständigen Werken, die Durchsicht der Ausg. l. Hand, Zeitschriften und Correspondenz bewältigt wurde, daß man wohl annehmen kann, mancher fest in Aussicht genommene Plan sei doch nicht ausgeführt worden. Freilich kann das letzte Wort in der Autorschaftsfrage erst gesprochen werden, wenn die Tagebücher vollendet vorliegen. — Gegen Goethes Autorschaft könnte man indessen schon jetzt einen äußern und einen innern Grund geltend machen. Der äußere ist in dem Umstande zu suchen, daß der Band, der auch diese Reisebeschreibung brachte, erst 1833, nicht 1832 erschien. Denn, so könnte man schließen: Hätte der Band zur Zeit von Goethes Ableben druckfertig vorgelegen, so wäre er schon der ersten noch im Todesjahre Goethes ausgegebenen Lieferung der Nachgelassenen Werke beigegeben worden. Die meisten der anderen erst im J. 1833 veröffentlichten Bände, und zwar außer dem 3., Band 5—15 incl., bedurften einer einige Zeit in Anspruch nehmenden Redaction. Der innere Grund, der gegen Goethes Autorschaft ins Feld geführt werden kann, ist der einer höchst mangelhaften und willkürlichen Redaction, die man eher den Mitarbeitern Goethes als ihm selbst zuschreiben möchte, — obgleich auch er sich manche Nachlässigkeiten zu Schulden kommen ließ: man denke nur an die eilige und irrationelle Zusammenstellung der „Wanderjahre". (Vgl. für das Folgende Strehlke, Einleitung

zur Hempelschen Ausgabe Bb. 26; dagegen Dünber in der Einleitung zur Kürschnerschen Ausgabe, D. N. L. Bb. 91, (Goethe 23.)
Strehlke tabelt, freilich mit Rücksicht auf das Gesammtwerk, nicht
auf den verhältnißmäßig kleinen Frankfurt behandelnden Abschnitt,
die geringe Umsicht bei der Auswahl der Briefe, ihre nicht plan-
mäßige Behandlung, die vielen theils durch Auslassungen, theils
durch geringe Überwachung des Drucks entstandenen Fehler.

Für die, welche Goethes Werk nicht kennen — und nur
diesen kann ja die Belehrung gelten, — sei kurz Folgendes bemerkt:
Die Schrift beginnt mit „Einleitendes". Unter diesem Titel
werden sechs Briefe Goethes an Heinrich Meyer, vom 28. April
bis 21. Juli, mitgetheilt. Die Briefe setzen die Schwierigkeit, ja
Unmöglichkeit einer Reise nach Italien auseinander, besprechen
literarische Dinge, besonders die eigenen schriftstellerischen Arbeiten
Goethes: Hermann und Dorothea, Laokoon, die Balladen, enthalten
politische Nachrichten und bekunden die persönliche Theilnahme
an den Geschicken des Abressaten. Die Aufnahme aller dieser
Stücke ist gewiß zu rechtfertigen. Der Freund, von dem das
größere Publikum so wenig wußte, sollte ihm als ein Eingeweihter
und Vertrauter vorgeführt, die Gegenstände, welche den Inhalt
der mit ihm zu führenden Gespräche ausmachten — gleichsam des
eigentlichen Ziel- und Endpunktes der Reise — sollten angedeutet
werden.

Weniger gerechtfertigt dürfte die Aufnahme der Briefe in
ihrem ganzen Wortlaut, insbesondere der Stellen sein, in denen
das persönliche Element stark hervortritt.

Wenn auch das über Meyer Gesagte nothwendig war, weil
es zu dem Gesammtbilde gehört, so war es gewiß nicht nöthig,
Sätze aufzunehmen, wie die folgenden: „Gerning, der noch immer
fort bei jedem Anlaß Verse macht, ist über Regensburg dahin
(nach Italien) abgegangen." Oder: „Wieland lebt in Osman-
stedt mit dem nothdürftigen Selbstbetruge."

Auf die Briefe an Meyer folgt ein Brief vom 8. August. (Die
Auslassung des Briefes an Meyer v. S. 1 fg., dürfte seines rein
persönlichen Charakters halber, nicht zu tadeln sein.) Der Anfang des
aufgenommenen Briefes entspricht dem unter diesem Datum an Karl

August gesandten (vgl. o. S. 2 ff.), dem auch sonst einige Stellen
entnommen sind; in wesentlichen Stücken aber ist es der Brief
an Schiller vom 9. August (o. S. 4 ff.). Nur sind hier wie
auch sonst Grußworte und Ähnliches ausgelassen, ferner, was sehr
bedauerlich ist, die große Stelle über Schmid von Friedberg
(S. 6—8).

Jn einem darauf folgenden vom 8. und 9. August datirten
Abschnitt, wird die zweite größere Hälfte des oben erwähnten
Briefes an Karl August nachgebracht nebst einer Rezension über
die italienischen Zeitungen. Auch dieser Brief ist ohne wirkliche
Redaktion geblieben, denn die allerpersönlichsten Bemerkungen über
das Gut des Herrn von Schwarzkopf sind stehen geblieben. Dagegen sind zwei merkwürdige Abschnitte aus dem Briefe an Knebel
(o. S. 10) hinzugefügt worden, die zwischen der Schilderung
der Frankfurter Theuerung und der des Besuches bei Herrn von
Schwarzkopf an recht unpassender Stelle stehen. Beiläufig mag
daran erinnert werden, daß die Stelle, S. 10, Zeile 1 bis 6 in
merkwürdiger Weise an die letzten Verse gemahnt (6. März 1832),
die Goethe überhaupt gemacht hat. (Oft gedruckt, z. B. Hempel,
N. A. 2, 440.) Man mag aus diesem Zusammenstimmen er-
sehen, wie lange Goethe gewisse Gedanken, ja schon deren Ausdruck in sich barg, und wie unzulässig es manchmal sein kann,
aus dem Vorkommen derselben Worte an zwei verschiedenen Stellen
auf deren gleichzeitiges Entstehen zu schließen. Die beiden Abschnitte passen nun sehr wohl in einen Brief an Knebel, dem
Goethe ins Gewissen redet, dessen Lust, ein öffentliches Amt anzunehmen, er bekämpfen wollte, weil er wußte, wie wenig der
Freund zu einem solchen paßte; mitten in einem Briefe an den
Herzog, seinen Herrn dagegen, dessen Geschäfte er trotz mancher persönlichen Befreiung zu besorgen hatte, wirken die Worte: „ein paar
Verse interessiren mich mehr als wichtigere Dinge, auf die mir
kein Einfluß gestattet ist" fast komisch.

Ebenso wie der vorhin erwähnte Abschnitt über Schmid von
Friedberg ist in der gedruckten Reisebeschreibung der wichtige
ästhetische Brief an Schiller, S. 12 ff. und alles Uebrige bis zu
der Mittheilung vom 14. August, S. 14 Zeile 8 u. ff. ausgelassen.

Die Bemerkungen über die Oper „Palmyra" entsprechen fast durchaus unseren Briefen. Darauf folgt dann die Beschreibung der
Dekorationen und ein gedrängter Aufsatz „Schilderung einiger
Personen des Frankfurter Theaters". Unter dem Datum des
15. August schließt sich dann unmittelbar ein großes Stück unseres
Briefes vom 22. S. 32, Zeile 2 von unten, bis S. 33, Zeile 9
von unten an. Zum Schluß folgen dann einige Sätze aus dem
Briefe vom 12. August, von denen der eine über „Meyers Aufnahme der Balladen" oben S. 13, hier durchaus nicht am Platze
ist, der andere, „hier möchte ich nun mich an ein großes Stadtleben wieder gewöhnen," oben S. 12, Zeile 10 von unten, in
einem Briefe vom 15. August, nachdem der bei Weitem größere
Theil des Frankfurter Aufenthalts zu Ende war, überhaupt un-
gehörig, und mitten in literarischen Erörterungen unpassend ist.

Darauf folgt ein wesentlich neuer in unseren Briefen nicht
vorkommender Abschnitt, datirt 18. August. Er handelt über
einen Besuch bei Fuentes und gibt eine Schilderung des damaligen Frankfurt: Dom, Fleischbänke, Markt, Rathhaus, die Art
des Häuserbaues, das Schweizerische Haus, die neuen Kirchen,
die Bürgerhäuser, die Judengasse. Das Verhältniß der Stadtverwaltung zu den Einzelnen wird behandelt. Goethe plaidirt
dafür, die Risse der geplanten Gebäude aufzunehmen, um sie gelegentlich später zu verwenden und erinnert daran, was für eine
Wohlthat für das Publikum eine Straße gewesen wäre, die
vom Liebfrauenberg auf die Zeil durchgegangen wäre. (Die letztere
Bemerkung findet sich, wie Düntzer notirt, ähnlich in Dichtung und
Wahrheit, Buch 1.) Dieser ganze Abschnitt soll, wie Strehlke und
Düntzer behaupten, Briefen an Karl August entstammen, doch weiß
ich nicht, worauf sich diese Behauptung stützt. Man kann höchstens
annehmen, daß sie einzelne der Aufzeichnungen sind, die Goethe,
wie er am 24. August dem Herzog schrieb, (o. S. 36 Zeile 18)
bemerkt und niedergeschrieben hatte und abschriftlich beilegte. Dann
aber wären es nicht Briefe, sondern Particeen der Akten, von
denen oben die Rede war.

Diese Vermuthung wird dadurch bestätigt, daß in einem
folgenden Abschnitte der gedruckten Reisebeschreibung, datirt 19. August,

eine kleine Abhandlung über das Spiel folgt, das sicher in den
Akten behandelt war (vgl. o. S. 48).

Der fernere Theil des Abschnittes vom 19. und die übrigen
vom 21. und 23. August decken sich nicht vollständig mit dem
Inhalt unserer Briefe. Ein Theil des Abschnitts vom 19. über
Bezahlung der Contribution ist der ganze Schlußtheil des Briefes
an den Herzog vom 19. Aug. oben S. 16 Z. 5 v. u. Das 20. Aug.
datirte Stück: Die Characteristik der Franzosen und die Leiden der
Stadt durch sie, — man wird nicht fehlgehen, wenn man alle diese
Abschnitte als den Erzählungen des Herrn Brevillier entstammend
annimmt (vgl. oben S. 42, Z. 21 ff. Tgb. vom 14. Aug.) —
ist nichts anderes als der Brief an Voigt vom 17. oben S. 24
—26 mit ganz geringen stilistischen Aenderungen; aber selbst
falsche Formen wie „den Quell" S. 26 Z. 11 sind beibehalten.

Zu diesen Betrachtungen über die von den Franzosen aufge-
legte Contribution werden Notizen hinzugefügt über den geringen
Eifer, diese zu bezahlen, (dies Stück aus einem Brief an den
Herzog vom 15. August, o. S. 16 ff.) ferner Vergleiche zwischen
Franzosen und Österreichern, kurze Mittheilungen von den Franzosen
und ihrem Betragen. Wenn man nun auch billigen muß, daß
alle diese innerlich zusammengehörigen Abschnitte von dem fremden
in Frankfurt weilenden Kriegsvolke auch äußerlich aneinandergereiht
werden, so kann man gerade hier die Mangelhaftigkeit der Redaktion
an einem deutlichen Beispiele erkennen. In dem Stücke vom
19. August nämlich folgen auf die Abschnitte über Revolution,
Spiel- und Kriegsschulden ein paar Zeilen aus dem Briefe an
Schiller vom 12. August (o. S. 14, Zeile 6 ff.). Diese Sätze
passen sehr gut da, wo sie in dem Briefe stehen, als Ende von
Betrachtungen über Kosegarten und ästhetisch-literarische Gegenstände, erscheinen aber hier recht unangebracht.

Man ersieht aus dem eben Angegebenen doch wohl, daß die
gedruckte Reisebeschreibung, so werthvoll sie inhaltlich ist, aus verschiedenen Materialien zusammengerafft, aber nicht organisch in und
mit einander verarbeitet worden ist. Die Einleitung bereitet auf
ein Werk hauptsächlich persönlichen Charakters vor; zu Anfang
der Frankfurter Zeit sieht es aus, als wenn diese Verheißungen

erfüllt werden sollten. Dann aber folgen, ziemlich bunt durch-
einandergewürfelt, die verschiedensten Theile. Daß die Redak-
toren dieser Arbeit gerade das Literarisch-Ästhetische, die Cha-
rakteristiken der beiden Dichterjünglinge und Ähnliches ausließen,
ist ebenso wenig zu billigen, wie daß sie von den mannigfachen
persönlichen Beziehungen nach Weimar hin und von der Wiederanknüpfung so manches geselligen, freundschaftlichen und ver-
wandtschaftlichen Bandes in Frankfurt nicht sprachen. Gegenüber
vielen Partikularitäten, die hier über die Stadt und ihre Geschichte vorgetragen werden, fehlt jeder anmuthige Hinweis auf
den eigenen Frankfurter Ursprung; der Name Sömmerring, der
doch selbst in der aphoristischen Behandlung der „Annalen" genannt war, wird gar nicht erwähnt. Die Studien über bildende
Kunst, die Besuche der Frankfurter Museen werden überhaupt
nicht berührt. Man wird daher an der zuerst von Strehlke aus-
gesprochenen Ansicht festhalten müssen, daß die Redaction des gedruckten Reisetagebuches, von dem an dieser Stelle nur der Frankfurter Theil zu berücksichtigen war, recht wenig genügt und sich
daher gern der Meinung zuneigen, daß diese Redaction gar nicht
von Goethe, sondern vielleicht ohne seine Directive von Riemer
und Eckermann vorgenommen aber nicht geschickt genug ausgeführt
worden ist.

Weitere Goethische Quellen gibt es nicht. Aus ihnen allein
die Darstellung von Goethes Aufenthalt in Frankfurt aufzubauen,
wäre mißlich: ein solcher Versuch müßte nothwendig einseitig und
unvollständig werden. Daher sind zu der folgenden Schilderung
vielfache andere Quellen und Bearbeitungen herangezogen worden.
Einige besonders oft citirte oder benutzte mögen mit ihren ge-
nauen Titeln hier folgen; die beiden ersten sind die von Goethe
selbst (oben S. 41) angeführten und gelesenen Werke:

1. Topographische, politische und historische Beschreibung der
   Reichs-, Wahl- und Handelsstadt Frankfurt am Mayn.
   Von D. J. H. Faber. Frankfurt, im Verlag der Jägeri-
   schen Buchhandlung 1788 u. 1789, 7 unpagg. Bll. 543,
   VIII, 638 SS.

2. Versuch einer Einleitung in die Staatsverfassung derer Oberrheinischen Reichsstädte. Erster Theil, Reichsstadt Frankfurt (Abschnitt 1—3). Zweyter Theil (Abschnitt 4) von Johann Anton Moriz. Frankfurt am Main in der Andräischen Buchhandlung 1785. 8G. XX, 322, XXII, 453 und 3 unpagg. SS.

3. Des | Heiligen Römischen Reichs | freien Wahl- und Handels-Stadt | Frankfurt am Main | verbesserten | Raths- und Stadt | Calender, | auf das Jahr nach Christi Geburt | 1797. | worinnen alle Ehren-Aemter und Bedienungen, Decreta publica, | Posten und alles andere, so die Stadt Frankfurt | betrift, befindlich. | Frankfurt am Main, | bei Varrentrapp und Wenner.

(Den Schluß dieses Buches macht:)

Kalender für das fünfte Jahr der fränkischen Republik vom 22. September 1796 bis den 21. September 1797. Durch Beifügung der bisher gewöhnlichen Zeitrechnung erläutert.

4. Hüsgen - Artistisches Magazin, Enthaltend das Leben und die Verzeichnisse der Werke hiesiger und anderer Künstler. Nebst Einem Anhang von allem Was in öffentlichen und Privat-Gebäuden der Stadt Frankfurt Merkwürdiges von Kunst-Sachen, Naturalien-Sammlungen, Bibliotheken und Münz-Cabineten zu sehen ist: Wie auch Einem Verzeichniß aller hiesiger Künstler-Portraiten. Mit einer Menge historischer Nachrichten, so aus ächten Original-Quellen geschöpft sind. Von Heinrich Sebastian Hüsgen, Mitglied verschiedener Patriotischer Gesellschaften. Nebst zwey Kupfer-Tafeln. Frankfurt am Mayn 1790. Gedruckt bei Johannes Bayerhoffer. — Dem Herrn Geheimde Rath von Göhte widmet dieses Werk Sein Verehrer H. S. Hüsgen. XIX, 634 Seiten.

5. Fortges. Verz. = Fortgesetztes Verzeichniß der dem Bürgerlichen Almosen-Kasten in dem zu Ende gegangenen 1797ten Jahr zugeflossenen außerordentlichen Verehrungen Einer löblichen Bürgerschaft bei dem Anfang des 1798ten Jahres öffentlich vorgelegt. 6 SS. in Fol.

6 Belli Gontard = Leben in Frankfurt am Main. Auszüge
der Frag- und Anzeigungsnachrichten (des Intelligenz-Blattes)
von ihrer Entstehung an im Jahre 1722 bis 1821. Gesammelt,
geordnet und den Bürgern dieser Stadt gewidmet von Maria
Belli, geb. Gontard. 10 Bbe. Frankfurt a. M. 1850 u. 51.

7. Battonn = Oertliche Beschreibung der Stadt Frankfurt am
Main von Johann Georg Battonn, gewesenem geistl. Rath,
Custos und Canonikus des St. Bartholomäusstifts. Aus
dessen Nachlasse herausgegeben von dem Vereine für Geschichte und Alterthumskunde zu Frankfurt a. M. durch den
zeitigen Direktor desselben Dr. jur. L. H. Euler, 7 Hefte
(Bände), Frankfurt a. M 1861—1875.

8. Kracauer = J. Kracauer, Frankfurt a. M. und die franz.
Republik. Im Archiv für Frankfurts Geschichte und Kunst.
3. Folge, 3. Band, Frankfurt 1891, S. 210 f.

9. Ueber die Vorgänge von 1795 ff. vgl. Vaterstädtisches und Vater-
ländisches. Auszüge aus S. G. Fingers Tagebuch von 1795
—1818, zusammengestellt von L. F. Finger, Arch. für Frankfurts Geschichte und Kunst, N. F. V, S. 161—368. (Leider ist
vom 13. Mai bis 21. Sept. 1797 keine Aufzeichnung mitgetheilt.)

10. Rückblicke auf die Geschichte des Frankfurter Stadttheaters
von dessen Selbständigkeit 1790 bis zur Gegenwart. Von
Anton Bing. 1 Band 1792—1842. Frankfurt am Main
1891. Zu vgl. auch A. H. E. von Oven: Das erste städtische Theater in Frankfurt am Main. Ein Beitrag zur
äußeren Geschichte des Frankfurter Theaters 1757—1872.
Frankfurt am Main 1872 (Neujahrsblatt des Vereins für
Geschichte und Alterthumskunde).

11. Gwinner = Kunst und Künstler in Frankfurt am Main
vom dreizehnten Jahrhundert bis zur Eröffnung des Städelschen Kunstinstituts von Dr. Ph. Friedrich Gwinner. Frankfurt am Main 1872.

12. Sömmerring: Wilh. Stricker. Neujahrsbl. den Mitgliedern
des Ver. für Frankfurter Geschichte und Kunst dargebracht,
Frankfurt 1862 (alle Titel) nach seinem Leben und Wirken
geschildert, enthielt über die Zeit 1797 nicht das Geringste.

Eine Quelle, die Mancher in dieser Aufzählung vergeblich suchen wird, gibt keine Belehrung. Die damaligen Zeitungen nämlich nahmen von Goethes Anwesenheit nicht die allergeringste Notiz. Ein solches Schweigen, dem heutigen Großstädter befremdlich, der gewohnt ist, Interviews bei berühmten Persönlichkeiten zu lesen und bis ins Einzelnste über ihr Treiben unterrichtet zu werden, war damals nicht auffallend. Von den zu jener Zeit in Frankfurt erscheinenden Blättern, waren mir drei zugänglich: das Staatsristretto, die Oberpostamtszeitung, das Frankfurter Journal; sie wurden 4 mal wöchentlich: Montag, Dienstag, Freitag, Samstag ausgegeben — bisweilen auch Donnerstag in einer Extrabeilage. Sie waren dürftige Notizblätter, in welchen fast ausschließlich politische Referate enthalten waren. Lokales und Literarisches kam so gut wie gar nicht vor; so wird z. B. die obengenannte Parade (6. Aug. oben S. 40) gar nicht erwähnt; am 21. Aug. im Staatsristretto findet sich eine literarische Anzeige Hufnagels (vgl. unten S. 139). Auch eine große Anzeige des Weimarer Industrie-Comptoirs (Ristretto 15. Aug.) lenkte den Blick des Herausgebers nicht auf den zur Zeit in Frankfurt befindlichen berühmten Weimaraner; in den Augen desselben (vgl. Nummer vom 10. Aug.) hatte der türkische Gesandte in London, Jusuph Abja Effendi, von dessen Ankunft und Abreise kurz gemeldet wurde, offenbar größeres Interesse, da er in seiner Eigenschaft als Diplomat, nicht wie Goethe blos zu seiner Belehrung und Erholung, reiste. —

Außer den drei genannten Zeitungen erschienen noch die Frag- und Anzeigungs-Nachrichten, aus denen Belli-Gontard die interessanteren Stellen ausgewählt und zusammengestellt hat und sicher eine unsere Zwecke bezügliche Notiz nicht ausgelassen haben würde; endlich das französische „Journal de Francfort“. Daß letzteres etwas über Goethes Anwesenheit gebracht haben sollte, ist höchst zweifelhaft.

IV. Goethe in Frankfurt.

Darstellung des Herausgebers.

Zur hundertfünfzigsten Wiederkehr von Goethes Geburtstag wollen Herausgeber und Verleger des Goethe-Jahrbuches auch ihre Huldigung darbringen. Zu einer solchen Huldigung, die dem größten Sohne Frankfurts gewidmet, von Frankfurt ausgeht und für Frankfurt in erster Linie, wenn auch keineswegs ausschließlich, bestimmt ist, eignet sich nichts besser, als eine Erinnerung an einen langen Aufenthalt, den Goethe in seiner Vaterstadt nahm.

Für eine Erinnerung dieser Art empfahl sich der Aufenthalt des Jahres 1797 aus den verschiedensten Gründen. Er ist einer der längsten seit der Zeit, da Goethe definitiv seine Heimath verlassen hatte. Er ist der einzige, während dessen, freilich auch nur für kurze Zeit, Goethe mit seiner Lebensgefährtin in Frankfurts Mauern vereint war. Vielleicht tauchte damals schon in ihm der Plan auf, der auch nach dem Tode der Mutter wiederkehrt, indessen so schnell verschwindet, wie er gefaßt wird, der nämlich, sich ein Absteige-Quartier in Frankfurt zu sichern, wo er mit den Seinigen einige Sommerwochen zubringen konnte. Dieser Aufenthalt führt uns endlich in die Zeit, seit der nur wenige Jahre mehr als ein Jahrhundert verflossen sind. Eine solche Jahrhundertfeier mag daher an dem Tage willkommen sein, da Frankfurt sich rüstet, den Festtag zu begehen, an dem Goethe vor anderthalb Jahrhunderten geboren ward.

Als Goethe 1775 von Frankfurt nach Weimar reiste, konnte er nicht wissen, daß er damit den alten Wohnort dauernd aufgab. Bald genug jedoch war die völlige Trennung von seinem ehemaligen Aufenthalt und früheren Beruf entschieden. Er wurde Weimaraner und ist innerlich wie äußerlich Weimarauer geblieben. Damit vollzog sich in ihm eine vollständige äußere und eine gewisse innere Trennung. Die letztere zeigt sich in zwei Thatsachen, an die nur kurz erinnert werden soll: in Goethes Ablehnung des ihm angebotenen Rathsherrn-Amtes und in seinem Austritt aus dem Frankfurter Bürgerverbande.

Von dem ersteren erzählt Goethe selbst in der „Campagne in Frankreich" (W. A. 33 S. 153 ff. unter d. 29. October 1792). Er berichtet, daß er einen verspäteten Brief seiner Mutter erhalten habe, in welchem nach dem Tode seines Oheims, des Schöffen Textor, ihm das Amt eines Rathsherrn angeboten worden sei, das ihm vermehrt gewesen, so lange der nahe Verwandte gelebt hätte. In den Akten des Frankfurter Stadt-Archivs findet sich über dies merkwürdige Anerbieten, wie ich den Mittheilungen des Herrn Archivar Dr. Jung entnehme, nichts; die Sache wird, da sie eben nicht über das erste Stadium hinauskam, jedenfalls nur gesprächsweise behandelt worden sein. Der Brief der Mutter ist nicht erhalten. Goethe erzählt nun, wie er trotz der Träume, die ihn in die Heimath führten, trotz der in ihm wiederklingenden jugendlichen Vorstellungen, in seiner Vaterstadt ein Ehrenamt zu bekleiden, mit Rücksicht auf seine Weimarer Beziehungen und auf seine Anhänglichkeit an den ihm befreundeten Fürsten der Mutter abgeschrieben habe. Er setzt allerdings hinzu: „Freilich mag dieser Brief spät genug zu ihr gelangt sein." Aber diese Darstellung ist nicht ganz richtig. Denn er beantwortete dieses Schreiben zuerst überhaupt nicht, vielleicht in der Hoffnung, auf der Rückreise von dem französischen Feldzug, den er in Begleitung des Herzogs mitmachte, durch Frankfurt zu kommen und die Angelegenheit mit der Mutter oder den betheiligten Personen mündlich zu besprechen, — ein Plan, der nicht ausgeführt werden konnte. Es bedurfte daher eines neuen Schreibens der Mutter (14. Dezember. 1792, Schriften der Goethe-Gesellschaft, Band 4, S. 8

— 10), aus dem sicher hervorgeht, daß sie bisher keine Antwort des Sohnes erhalten hatte. Sie sah in ihrem Schreiben zwar des Sohnes Ablehnung voraus, hielt aber eine Antwort für nöthig. Erst darauf antwortete Goethe (24. Dezember 1792, W. A. Briefe Bb. 10, S. 40—42) mit den Erwägungen, die er in der oben angeführten Stelle andeutete. Nach einer Tagebuch-Notiz (A. a. O. 373, vgl. außerdem „Tagebücher", Bb. 2 S. 32; die Notiz steht fälschlich unter dem Jahre 1793) muß gleichzeitig mit diesem „ostensiblen" Briefe auch ein vertraulicher nach Frankfurt gegangen sein, der wohl noch deutlicher als der andere die Unmög-lichkeit darthat, Weimar zu verlassen und die Unlust, in die Frankfurter Verhältnisse wieder einzutreten.

Mit der Entlassung aus dem Bürger-Verbande verhielt es sich folgendermaßen: (Für das Folgende vgl. Rudolf Jung, Goethes Ausscheiden a. b. Frankfurter Bürger-Verbande, G.Jb. 13, 211—220; schon Jahrzehnte vorher hatte Fritz Schlosser über Goethes bürger-liches Verhältniß zu Frankfurt gehandelt, gedruckt bei J. Frese, Stuttgart 1877.) Nach dem Tode seiner Mutter, 1808, war Goethe als Miterbe des mütterlichen Vermögens stärker als bisher zu den öffentlichen Lasten seiner Vaterstadt herangezogen worden, die bei den schwierigen Verhältnissen sich ständig mehrten. Sein Sohn August versuchte daher schon 1812 den Austritt des Vaters aus dem Bürger-Verbande einzuleiten. Die guten Absichten des damaligen Großherzogs Dalberg, dem Dichter das beträchtliche Abzugsgeld zu erlassen, konnten in den Wirren der Zeit nicht zur Ausführung gelangen. Erst als die Freizügigkeit und mit ihr die Aufhebung von Abzugsgeldern 1817 proclamirt wurde, stellte Goethe den förmlichen Antrag, ihn aus dem Bürger-Verbande zu entlassen; auf Grund seines Gesuches vom 19. November 1817 wurde diese Entlassung unter den üblichen Förmlichkeiten ausgesprochen, mit denen die Sache rein geschäftsmäßig ohne Rücksicht auf die Per-sönlichkeit des Petenten behandelt wurde. Ueber diese Art der Behandlung war Goethe, der sich zu einer anderen Art des Ver-fahrens berechtigt glaubte, so unwillig, daß er die ihm 1829 privatim vorgetragene Bitte, er möge das Ehrenbürgerrecht an-nehmen, ablehnte.

Nur wenige Jahre nach jener Zurückweisung des Rathsherrn-
amtes fällt die Reise, der vorliegende Studie gilt. Bevor deren
Gegenstand, der Aufenthalt des Jahres 1797, eingehend betrachtet
wird, sei es gestattet, die früheren Reisen, auf denen Goethe
seine Vaterstadt besuchte, kurz zu überblicken.

Seitdem er 1775 Frankfurt definitiv verlassen hatte, fanden
zwischen ihm und seinen früheren Heimathsgenossen äußerliche Berührungen fast nur in Folge von seinen Reisen statt, auf denen er
in Frankfurt Station machte. In der Zeit nun, um die es sich
hier handelt, waren Erholungsreisen geistig und amtlich viel-
beschäftigter Männer nicht so üblich wie heutzutage. Weitere
Reisen waren überdies durch die langsamen und theuren Communi-
cationsmittel sehr erschwert. Auch der Zug nach dem Westen
war damals nicht so groß, wie er gegenwärtig ist. Daher kam
es, daß in den 22 Jahren, die zwischen 1775 und 1797 liegen,
Goethe nur dreimal seine Vaterstadt wiederbesuchte, 1779, 1792
und 1793. Das erste Mal kam er bei einer mit dem Herzog
und größtentheils für diesen unternommenen Herbst- und Winter-
reise nach der Schweiz und kehrte auch auf der Rückfahrt wieder
im elterlichen Hause ein, das zweite und dritte Mal bei Reisen,
die im Auftrage des Herzogs angetreten wurden, um diesem bei
dem Feldzuge in Frankreich und bei der Belagerung von Mainz
Gesellschaft zu leisten. In den Werken, in denen Goethe diese
seine Lebensereignisse schilderte, den Briefen aus der Schweiz,
1779, und den als Abschnitten seiner Selbstbiographie heraus-
gegebenen Schilderungen der beiden wichtigen historischen Ereignisse „Campagne in Frankreich" und „Belagerung von Mainz"
(die Briefe aus der Schweiz meist als Anhang zum „Werther"
gedruckt; Campagne und Belagerung als II. Abtheilung, 5. Bd.
des Werkes „Aus meinem Leben" zuerst 1822 erschienen, jetzt in
der W. A., Bd. 33, 1898) wird der Stadt Frankfurt so gut
wie gar nicht gedacht; die wenigen vorkommenden Erwähnungen
nehmen nicht den geringsten Anlaß, einer besonderen Freude über
den Wiederanblick der lange nicht gesehenen Vaterstadt Ausdruck
zu geben. Ein solches Schweigen oder kühles Aussprechen darf
jedoch bei den für die Oeffentlichkeit bestimmten Schriften nicht

Wunder nehmen: Goethe liebte es nicht, dem Publikum, dem er
die Resultate seines Denkens übergab, von seinem Fühlen zu
sprechen. Aus den für Goethes Leben und Empfinden so wichtigen
Quellen dagegen, die auch für den Gegenstand unserer Schrift
die reichste Belehrung bieten, aus den Briefen, ergiebt sich, wenn
auch nicht eben viel für die Bereicherung unserer Kenntniß des
Thatsächlichen, doch Einzelnes zur Würdigung von Goethes Ge-
sinnung. (Ein Tagebuch ist für diese Zeit nicht erhalten.) Von
den Briefen kommen in Betracht: 20. September, 29. Dezember,
Briefe W. A. Bd. 4, S. 62, 158. Ein Gespräch mit Johanna
Schlosser, geborene Fahlmer, Biedermann, Goethes Gespräche I,
54 f. enthält über Frankfurt nichts, wie denn diese für Goethes
Leben sonst so wichtige Quelle für unseren Zweck völlig versagt.

Zn dem einzigen erhaltenen Briefe bei der Abreise nach
der Schweiz an Frau von Stein, bekunden die Worte, in denen
er der Freundin „einen Gruß vorm Angesicht der väterlichen
Sonne" schickt, die innere Erregung, die ihn beim Betreten der
Vaterstadt und des Vaterhauses ergriff. Die innige Hinneigung
zur Mutter aber, die stets viel mehr als der Vater im Herzen
des Sohnes gelebt hatte, kommt in den schönen Worten desselben
Briefes zum Ausdruck: „meine Mutter ist noch in ihrer alten
Krafft und Liebe".

Eine Erinnerung an den veränderten, stiller und kraftloser
gewordenen Vater mag nachklingen in den Schlußworten eines
großen, an den Musiker Kayser gerichteten Briefes, der bei der
Heimkehr von der Schweiz geschrieben wurde, der Angeredete möge
doch von seinen musikalischen Arbeiten etwas an seinen Vater
schicken, „man muß den Menschen Freude machen, so lange sie leben".

Dreizehn Jahre waren verstrichen, als Goethe zum zweiten
Male nach Frankfurt kam. Innerlich und äußerlich hatte sich
Vieles geändert. Der alte Rath war 1782 gestorben, ohne daß
der Sohn die Verpflichtung gefühlt hätte, nach Hause zu eilen.
Die Mutter hielt allein Haus und entwickelte sich gerade in dieser
Zeit der langen Wittwenschaft, mancher Fesseln ledig, zu dem
frohgemuthen, das Leben genießenden und Behaglichkeit austheilen-
den Weibe, wie sie uns aus ihren köstlichen Briefen entgegentritt.

In der langen Zeit des Entferntjeins kann Goethe nicht übermäßig viel an seine Vaterstadt gedacht haben, trotz seiner Aeußerung, daß seine Gedanken oft nach seinem Vaterlande gehen (Briefe, Bd. 5, S. 246). (R. Jung bemerkt dazu: „Vaterland für Vaterstadt bei allen Frankfurtern üblich bis gegen Ende des Jahrhunderts, dann erst tritt die Bezeichnung Vaterstadt auf".) Als er October 1783 in Kassel war, kam es ihm nicht in den Sinn, die verhältnißmäßig kurze Reise nach Frankfurt zu unternehmen, obwohl sein kleiner Begleiter Fritz von Stein, ihn zu einer solchen Reise zu veranlassen suchte mit dem Vorgeben, Frau Rath würde ein großes Vergnügen haben, die Reisenden bei sich zu sehen (Briefe, Bd. 6, 283). Dem Knaben wurde sein Wunsch bald genug erfüllt; er wurde nämlich Herbst 1785 von Goethe nach Frankfurt geschickt, wo er sich wohl befand. Er hatte, so schrieb Goethe (Br. 7, 106) „in Frankfurt erst recht Freiheit kennen lernen, und meine Mutter hat ihn die Philosophie des lustigen Lebens erst noch recht ausführlich kennen gelehrt". Ja, von Eisenach, 1784, schrieb Goethe einmal geradezu (Br. 6, 296) „man sagt mir, ich könnte in einunddreißig Stunden in Frankfurt sein, und ich kann nicht den flüchtigsten Gedanken haben, dorthin zu gehen. So hast Du meine Natur an Dich gezogen, daß mir für meine übrigen Herzenspflichten keine Nerve übrig bleibt". Er forderte sogar dieselbe Freundin, der er dies Bekenntniß machte, auf, bald zurückzukehren, „denn ich habe Mutter und Vaterland um Deinetwillen zurückgesetzt". (Br. 6, 377). Auch als der Herzog Ende 1784 in Frankfurt war, ging Goethe nicht dahin, obgleich sein Fürst den Wunsch nach seiner Gegenwart ausgedrückt hatte (Br. 6, 404 f.). Jahrelang wird dann Frankfurt überhaupt nicht wieder erwähnt, und erst der erneute Besuch der Vaterstadt brachte sie wieder in Erinnerung.

Auch innerlich war Goethe, besonders durch seinen Aufenthalt in Italien, ein Anderer geworden: Die mehrjährige Entfernung von Amt und Haus hatte ihm die gewünschte größere Freiheit von Geschäften und Würden verschafft, ohne sein persönliches Verhältniß zum Herzog zu ändern. Seine Welt- und Menschenkenntniß war gewachsen, sein Interesse an Literatur und

Forschung ein allgemeineres geworden. Er hatte in der Zwischen-
zeit nach langjährigem Schweigen die Welt mit einer literarischen
Sammlung ohne Gleichen beschenkt, der ersten rechtmäßigen Ausgabe seiner Schriften (8 Bbe., Leipzig 1786—90), die freilich bei
der politisch-religiös erregten Stimmung der Zeit und der großen
Unerzogenheit des Publikums nicht das allgemeine Interesse erregte, das sie hätte erregen sollen. Fast unmittelbar darauf,
1792, hatte er die Sammlung seiner neuen Schriften begonnen
(7 Bbe., von denen 4 den ersten Druck des „Wilhelm Meister"
enthalten), zugleich ein neues Drama (Großkophta), und ein
wissenschaftliches Werk („Beiträge zur Optik") auf den Bücher-
markt gebracht. Vor allem aber: er lebte nicht mehr einsam in
seinem Hause. Schon im Juli 1788 hatte er Christiane Bulpius
in sein Haus genommen und von dem ersten Moment an als
seine Gattin betrachtet, wenn er sich auch damals und noch lange
nachher scheute, sie durch kirchliche Trauung als seine Frau zu
erklären.

Diese veränderten Umstände spiegeln sich auch in den
Frankfurter Briefen der Jahre 1792 fg. wieder. Gleich der
erste von unterwegs geschriebene begann mit dem Bekenntniß an
die ferne Geliebte, „es sei zu gar nichts nütze, daß man sich von
denen entferne, die man liebe", und auch die von Frankfurt selbst
geschriebenen Briefe, zumeist an Christiane gerichtet, sind voll
von Notizen, Besorgungen für sie, Klagen über die Entfernung
und erfüllt vom Ausdrucke der Hoffnung auf ein frohes Wiedersehen.
Wenn er schon in den Briefen an Andere, z. B. Jakobi, seine
häuslichen Verhältnisse andeutete: „wie gern hätte ich dir Rechenschaft von meinem Haußhalten gegeben" — eine Aeußerung, die
doch wohl nur auf eine Veränderung der häuslichen Verhältnisse
bezogen werden kann, deren Kunde in ziemlich entstellter Weise
an Jakobi gelangt sein mochte —, so machte er natürlich die
Mutter zu seiner Vertrauten. Eine Anerkennung dieser neuen,
eigenartigen Verhältnisse mochte dieser nicht leicht werden. Denn
als Mutter und als Frankfurterin hätte sie dem Sohne eine mehr
ebenbürtige Gattin gewünscht, wie sie ja schon seit 1773 eine
solche ihm zu gewinnen sich mehrfach bestrebt hatte. Trotzdem

war sie die Erste, die Christiane als ihre Tochter, als die Gattin des Sohnes anerkannte. Schon am 1. Januar 1793 wünschte sie ihm „und Allem, was dir lieb und theuer ist", für das kommende Jahr alles Gute; am 14. Juni stellte sie ihm in Aussicht, „an sein Liebgen" zu schreiben und führte diesen Vorsatz in dem köstlichen Briefe vom 20. Juni aus. (Schriften der Goethe-Gesellschaft, Bd. 4, „Briefe der Frau Rath", No. 6, 12, 13, S. 13, 19 fg.) Ihrer Schlichtheit und Treue war Jeder willkommen, der dem geliebten Sohn Behagen und Glück gewährte.

Im Allgemeinen war Goethes Frankfurter Aufenthalt 1792 und 1793 nur eine unerfreuliche Zeit des Wartens auf eine Ordre, die den Reisenden abrufen sollte. Er sah zwar alte Freunde und war froh über die gute Aufnahme, die er bei ihnen fand, ergötzte sich an der „zunehmenden Vaterstadt", aber zu einer innerlichen Theilnahme an ihren Zuständen kam es nicht. Das ewige Gespräch über Krieg und Kriegsgeschrei, die Klagen über die theure, unruhevolle Zeit ermüdeten ihn. Seine Aeußerung an Jakobi (13. August 1792) „Du kannst denken, daß es mir wunderbar zu Muth ist" wird man ganz gewiß eher auf die Aussicht beziehen, einem Kriege als Zuschauer beizuwohnen, dessen welthistorische Bedeutung Goethe sogleich erkannte, als etwa auf den Umstand, nach so langer Zeit die veränderte Vaterstadt wiederzusehen.

Denn dieses Wiedersehen stärkte ihn nur in dem Gefühl, daß er ein Weimaraner sei. Kurze Zeit nachdem er Weimar verlassen hatte, (10. September 1792, Briefe, Bd. 10, S. 16) schrieb er an Voigt:

„Auch bin ich jetzt, da ich meine Vaterstadt wieder besucht habe, aufs lebhafteste überzeugt worden daß dort für mich kein Wohnens und Bleibens ist".

Die Bemerkung an die Mutter (Briefe 10, 43), er bedaure, seine werthen Frankfurter Freunde auf der Rückreise nicht wieder gesehen zu haben, ist gewiß nur eine Höflichkeitsphrase, die nicht viel bedeutet.

Von dem zweiten noch kürzeren Aufenthalt 1793 findet sich in den Briefen nur die eine Notiz: „In Frankfurt war ich mit

Sömmerring sehr vergnügt", (Briefe, Bd. 10, S. 71) eine Bemerkung, von der nachher noch Gebrauch zu machen ist.

Nun begannen für Frankfurt sehr schwere Zeiten, die auch
mit dem 1795 geschlossenen Frieden keineswegs ihr Ende erreichten.
Denn die frohe Hoffnung (Goethe an Stock, 25. Mai 1795
Briefe, 10, 265) „wie sehr freue ich mich, daß meine liebe
Vaterstadt sich die nächsten Hoffnungen auf Ruhe und Sicherheit
machen darf," war sehr trügerisch. Es hing freilich nicht ganz
mit diesen äußeren Ereignissen zusammen, daß Goethes damaliger
Plan, nach Frankfurt zu reisen, der schon so weit gediehen war,
daß einzelne Briefe nach Frankfurt geschickt wurden, nicht ausgeführt werden konnte. (Briefe, 10, 314, 318.)

Gewisse Beziehungen wurden auch in der Folgezeit mit
Frankfurt unterhalten. Goethe spielte in der Frankfurter Lotterie,
und es scheint, daß auch Voigt sein Glück dort versuchen wollte.
(Briefe, Bd. 11 S. 81.) Aus den Frankfurter Zeitungen, als
denjenigen, die am besten und schnellsten unterrichteten, schöpfte
Goethe Nachrichten über die Kriegsereignisse. (Briefe, Bd. 11,
S. 110.) Ja, aus denselben Frankfurter Zeitungen wurden einmal
dem Freunde Schiller (Briefe, Bd. 11, 133) die Einbußen aufgezählt, die Frankfurt an Geld, Gebrauchsgegenständen und Lebens-
mitteln erlitten hätte.

Ueberhaupt ging das schwere Schicksal, das Frankfurt durch
die ewigen Durchmärsche und durch die Kämpfe der Franzosen
und Oesterreicher zu leiden hatte, Goethe sehr zu Herzen. Er war
für seine Mutter äußerst besorgt (Briefe Bd. 11, S. 193) und
wünschte, wiewohl vergeblich, daß sie ihren Wohnsitz nach dem
geschützteren Weimar verlegen sollte. Ja, über die Vaterstadt hieß
es einmal (Briefe, Bd. 11, S. 204), „Frankfurt geht darüber
ganz zu Grunde, man hat ohnerachtet der übermäßig wegge-
schleppten Geiseln mit Plünderung gedroht, weil die unerschwing-
liche Contribution nicht bezahlt werden konnte".

Endlich wurde der Friede geschlossen April 1797, eine Nachricht, die auch Goethe für Frankfurt erfreute. (Briefe Bd. 12, S. 100.)

Soweit ging nun freilich des Dichters Interesse für die
Vaterstadt nicht, daß er sie aufsuchte, um sich persönlich von

ihren Leiden zu überzeugen. Vielmehr war Frankfurt für ihn
nur eine Durchgangsstation für seine Reise zu dem Freunde Heinrich
Meyer, der von Italien aus nach seiner Heimath, der Schweiz,
zurückgekehrt war. Ursprünglich hatte Goethe die Absicht gehabt,
mit Jenem, der schon 1786—88 sein treuer Führer und Meister
gewesen war, nochmals Italien zu durchstreifen; die kriegerischen
Unruhen, die den Künstler aus Italien vertrieben hatten, und
vor Allem die Unmöglichkeit, mit diesem Freunde, der ihm als
unentbehrlicher Führer erschien, gemeinsam zu genießen, hinderten
auch Goethe an der Ausführung seines Entschlusses, Italien zu
besuchen. So war er schon bei seinem Aufbruche aus Weimar,
wie aus mannigfachen Zeugnissen hervorgeht, entschlossen, den
Winter wieder in Weimar zuzubringen (vgl. den unten noch zu
benutzenden Brief an Gerning 3. Juli 1797). Allerdings machte er
in Weimar noch ein Geheimniß daraus. Wenigstens scheint Christiane
die Abwesenheit des Gatten für eine längere, womöglich über den Winter
hinaus dauernde gehalten und diese Meinung auch klagend in ihren
Briefen zum Ausdruck gebracht zu haben, so daß Goethe ihr gegenüber den Schleier lüftete und ihr am 24. August (o. S. 27, Z.
8 v. u.) schrieb, daß die italienische Reise endgültig aufgegeben sei.

Der eigentliche Zweck des längeren Aufenthaltes in Frankfurt war ein wissenschaftlicher und geschäftlicher. Der geschäftliche
bestand darin, daß er Geldsachen mit der Mutter zu arrangiren
hatte. Um einen Verzicht der Mutter auf seine, Goethes, Erbschaft kann es sich nicht handeln, da sie schon im Juni erfolgt
war (Briefe 12, 201 und die dort angeführten Stellen). Vielleicht
wünschte Goethe, die Mutter zu bewegen, daß sie seinen natürlichen
Sohn in ihrem Testament zum Miterben einsetze, so wie er ja
vor seinem Fortgang aus Weimar zu Gunsten von Christiane
und August ein rechtsgültiges Testament gemacht hatte. Schon
aus diesem Grunde hielt Goethe es für räthlich, die Seinigen der
Mutter vorzustellen. Aber der Hauptzweck war doch ein wissenschaftlicher. Er wollte die Vaterstadt, ihre Einrichtungen, Kunst
und Literatur methodisch durchgehen. Was er als Knabe ziemlich unbewußt gesehen, oder bei seinen Reisen 1779, 1792, 1793
zufällig erschaut hatte, das sollte nun nach einem bestimmten Sy-

stein durchgenommen und nach den Schematen, die er im Verein mit Schiller entworfen hatte (vgl. o. S. 5 Z. 9, S. 11 Z. 2), ge- prüft und dargestellt werden.

Eine solche erneute Prüfung jedoch hatte nicht den Erfolg, Goethe innerlich wieder zum Frankfurter zu machen. Trotz alles Interesses nämlich, das in den drei Wochen seines Aufenthaltes für Menschen und Dinge gezeigt hatte, mußte er kurze Zeit nach seiner Abreise, 12. September, (Briefe 12, S. 291) erklären, „von Frankfurt fühlte ich mich bald wieder abgelöst". Vielleicht schon aus diesem Grunde führte er den anfänglichen Plan (vgl. 23. Sept., 14. Oct., Br. 12, S. 306, 329), auf der Rückreise über Frankfurt zu kommen, nicht aus, wählte den Weg über Nürnberg und fuhr nach einer neuen Unentschlossenheit wirklich auf dieser Route heim, so daß er auf sehr beschwerlichen Wegen am 13. oder 20. November wieder in seinem Wohnorte eintraf.

Vom 25. August 1797 ab vergingen fast siebzehn Jahre bis zum Sommer 1814, ehe Goethe von Neuem seine Vaterstadt betrat.

———————

Frankfurt hatte schwere Schicksale durchgemacht, und noch als Goethe hinkam, war das Ende der Leiden der Stadt nicht gekommen. Während des Krieges zwischen Frankreich und dem Deutschen Reich waren in der Nähe der alten Reichsstadt Schlachten geschlagen, Frankfurt selbst von den kriegführenden Mächten oft genug besetzt worden. Das schlimmste Ereigniß war, daß die Franzosen unter Kleber die Stadt nach einer mit der kaiserlichen Armee geschlossenen Kapitulation einnahmen, nachdem sie sie be- schossen und einen Theil der Judengasse eingeäschert hatten. Unter Anderem wurde damals das große Altarblatt der Deutschen Ordens- kirche von Piazetta, Auferstehung und Himmelfahrt der Maria vorstellend, geraubt, das mit 30,000 fl. bewerthet wurde. Aber auch die sonstigen Verluste an Geld und Menschen, die Einbußen an Ruhe und Sicherheit waren sehr groß. Von der Belästigung durch die Kriegsvölker, besonders von den pekuniären Auflagen, berichtet Goethe in seinen Briefen mannigfach (vgl. o. S. 16 fg.

vgl. aber auch S. 54). Da auch die Contributionen in Goethes Mittheilungen häufig genug erwähnt werden, so sei zunächst darüber ein Wort gestattet.

Manches über diese Zustände erfährt man aus den „Hochobrigkeitlichen Verordnungen von 1796", die zwischen dem oben (S. 57) erwähnten französischen Kalender und dem eigentlichen Staatshandbuch abgedruckt sind. Auf die französische Contribution beziehen sich die Aktenstücke 6—8, 9, 11. Das erste (17. Juli 1796) beziffert die Contribution auf 6 Millionen Livres in klingender Münze und 2 Millionen Livres in verschiedenen Natural-Lieferungen. Die Contribution mußte in 3 Dritteln: 20., 27. Juli, 6. August bezahlt werden. Wenn der Rath auch Anstrengungen machen wollte, Summe und Zahlungsfristen zu mildern, so erwartete er doch von Bürgern, Juden, Fremden, Corporationen, Stiftern, daß alle alsbald nach ihrem Vermögen beitrügen gegen Interims-Obligationen, die mit 4% verzinst werden sollten. Man stellte den Beitragenden in Aussicht, die Obligationen nach erfolgter Repartition wieder einzulösen. Da diese Aufforderung nicht den erwünschten Erfolg hatte, so wurde sie nachdrücklichst erneuert. (23. Juli.) Eine nochmalige Aufforderung geschah (7. Aug.) unter Mittheilung, daß in der verwichenen Nacht abermals 8 Mitglieder des Raths und 9 aus der Bürgerschaft als Geißeln fortgeführt worden seien. Dies „abermals" bezieht sich darauf, daß schon am 28. Juli 1796 8 Geißeln weggeführt worden waren (sie kehrten am 18. August zurück) und zwar A. K. v. Humbracht, A. U. K. v. Holzhausen, F. H. v. Barckhausen, H. P. Schlosser, W. K. L. Moors, J. H. L. Heßler, J. M. Andrée, Georg Steiß. — Die Aufforderung zur Zahlung der von den Franzosen geforderten Summe wurde am 8. August wiederholt, mit Hinweis darauf, daß ein großer Theil der vermögendsten Einwohner und Corporationen bisher noch nichts oder wenig gezeichnet hätten und mit Androhung, zur Beschämung dieser Säumigen die Subscriptionslisten drucken zu lassen. Am 24. August theilte die Kriegsdeputation, von der auch die bisherigen Erlasse ausgegangen waren, mit, daß 3 Millionen baar gezahlt und ungefähr 2 Millionen in Lieferungen aufgebracht worden seien, daß aber noch 3 Millionen baar und an Lieferungen meh-

rere Millionen ausständen. Daher richtete sie einen höchst brin-
genden Appell an alle Zahlungspflichtigen, binnen 8 Tagen zu helfen,
daß die 4. Million abgetragen würde. Endlich am 9. September
richtete die Stadtkanzlei eine Danksagung an die Bürgerschaft,
in der es hieß: „Die nahe Gefahr, in welcher hiesige Stadt
in den vergangenen Tagen sich befunden hat, ist vorübergegangen.
Durch die patriotischen Anstrengungen der Bürger sind auf die
angesetzte Contribution vier Millionen Livres baar bezahlt, über
vier andere Millionen Livres sind Verbriefungen angenommen
worden und gestern haben die französischen Truppen unsere Stadt
verlassen."

Bei Kracauer S. 174 findet sich eine genaue Aufstellung
der Kriegsdeputation über das gezahlte baare Geld, Lieferungen,
weggenommene Magazine, Geschütze im Ganzen 8,270,000 Fcs.
Dabei blieben die Tafelgelder, Gewehre, unzählige Fahnen un-
berechnet. —

Erst am 2. Dez. 1796 wurde der Vertrag geschlossen, daß
die beim zweiten Mal weggeführten Geißeln zurückgeschickt werden
sollten. Ueber den Friedensvertrag, der am 29. Dezember 1796
ratificirt wurde, durch den Frankfurt für neutral erklärt ward,
s. Kracauer S. 96 fg., 211 fg. Ueber das furchtbare Elend, worunter
die Frankfurt benachbarten Dörfer noch später litten, daf. S. 202 fg.

Die Leiden Frankfurts und seiner Umgebung waren Ende
1797 und später immer noch groß genug. Ein neuerer Historiker
(Kracauer in einem zweiten Artikel, Archiv 3. Folge 5. Bd.
S. 232 ff.) berichtet zwei charakteristische Aeußerungen: Die eine
des Schultheißen von Niederursel, der von dem Adjutanten des
französischen Generals die Antwort erhielt: „Was die Republik
einmal empfangen hat, gibt sie nie wieder zurück", die andere des
Schultheißen von Sulzbach: „Von den Franzosen heißt es, wie
es in der Schrift steht: Ex inferno nulla redemtio".

In Folge der beständigen Durchmärsche, der vielfachen Requisitionen waren die Lebensmittel sehr knapp geworden; die noth-
wendige Wirkung dieser Knappheit müßte, so sollte man meinen,
eine große Theuerung gewesen sein. Daß eine solche eingetreten
sei, wird auch von Goethe erwähnt, die von ihm seinem Kollegen

Voigt und Frau Christiane gegenüber in Aussicht gestellten und
gewiß auch überschickten Preisverzeichnisse sind in unserem Druck
nicht enthalten. Vgl. oben S. 28 Z. 18. S. 29 Z. 7 v. o.
S. 36 Z. 7 v. u. (s. auch S. 2 Z. 10 v. o.) Für Liebhaber
derartiger Zusammenstellungen sei bemerkt, daß sich eine Brod-,
Bier- und Fleischtaxe für 1792 bei Belli-Gontard VIII, 10 fg.
befindet; Brod 1796 das. 75, Brod und Fleisch vom 8. Juni
1797 das. 82; die letztere ist erheblich billiger als die vorhergehende.
Man kann damit auch eine Brod- und Fleischtaxe 1801 das. 129
vergleichen. Der ebenerwähnte Umstand, daß die Preise von 1797
weit geringer waren, als die von 1792, steht freilich mit den
verschiedenen Aeußerungen Goethes „von der großen Theuerung in
der Stadt" in einem Widerspruch, den ich nicht zu lösen vermag. Man müßte denn annehmen, daß Goethe die damaligen
Frankfurter Preise nicht mit den früheren dort üblichen, sondern
mit den damaligen Weimarischen verglich.

Eine Folge der Kriegszeiten, des leichten Verdienens, des
schnelleren Verlierens, der Unsicherheit aller Zustände, war der
herrschende Leichtsinn. Gewiß trugen zur Stärkung, wenn auch
nicht gerade zur Entstehung des Leichtsinns die Franzosen bei —
eine Behauptung, die man wohl wagen darf, ohne dadurch den
Vorwurf der Teutomanie auf sich zu ziehen. Freilich hat auch,
wie R. Jung bemerkt, die preußische und später österreichische
Einquartirung die Frankfurter Sittlichkeit keineswegs gehoben.

Der Leichtsinn äußerte sich in lockerm Leben und Spiel.
Das Letztere, über das eine kurze Darstellung in der gedruckten
Reisebeschreibung existirt (Abschnitt v. 19. Aug.) und über das
es eine besondere Aufzeichnung in den Akten gibt (oben S. 47),
von der es recht sehr zu beklagen ist, daß sie diesen Mittheilungen
nicht einverleibt werden durfte, war freilich nicht etwa mit den
Franzosen in Frankfurt eingezogen. Schon Moritz II, 259 berichtet, daß alle Hazardspiele auf Grund von Rathsedikten aus
den Jahren 1745 bis 1779 verboten waren. Der Leichtsinn, die
rohen Sitten, die Schwelgerei werden von dem anderen Historiker
Faber, wenn er nicht auch hier bloß Plagiator ist, lebhaft beklagt. Als Grund mancher Ausschreitungen wird die übermäßige

Neigung eines Theils der Einwohnerschaft zu berauschenden Ge-
tränken, Bier und Wein (sowohl Trauben- als Aepfelwein) hervorgehoben. Aber auch eine andere für die Sittengeschichte jener
Zeit höchst wichtige Stelle findet man bei Faber, die deswegen
hier mitgetheilt werden mag, weil sie Goethes bekannter Abneigung gegen den Kaffee merkwürdig secundirt. Sie lautet:
(Faber II 535; die Stelle ist, wie mich R. Jung belehrt, gestohlen
aus Behrends, der Einwohner in Frankfurt a. M. [Frankfurt 1771]
S 186): „Thee und Caffee werden häufig bey uns getrunken.
Zauberisch sind diese Getränke und allmächtig bey uns, besonders der letztere. Nichts von Hohen und Mittlern zu sagen,
so wird warlich von der vornehmen Holzhackersfrau bis auf
die lumpichtste Dirne, die ihre Blöße nicht decken kann, Caffee
getrunken. Oft keinen alten Brodschrank im Hause, aber immer
noch eine gangbare Caffeemühle hat man hundertmal Gelegenheit
in den Verzeichnissen der Hinterlassenschaft unserer verarmten
Einwohner zu lesen. Diese Schwelgerey ist so weit gestiegen,
daß der Arme sich zu Mittage und Abend statt des Essens Caffee
macht, Brot einbrockt, und so mit seiner Familie soupirt. Seine
ökonomischen Umstände mögen nun zwar dadurch nicht leiden,
aber seine Gesundheit leidet unendlich mehr."

Doch darf man nicht glauben, daß die damaligen Frankfurter
Chronisten die Zustände ihrer Vaterstadt als besonders schlimme
und bedauernswerthe ansahen. Im Gegentheil sind sie, nach guter
Frankfurter Art, Lobredner ihrer heimischen Zustände. Eine
Stelle, in der das stolze Bewußtsein des freien Reichsbürgers
vielleicht am deutlichsten zum Ausdruck kommt, mag zur Erkenntniß solchen Selbstgefühls hier folgen (Faber II, 549 fg.
Gestohlen aus Behrends S. 228): „Die Fremden werden angelockt durch die republikanische Regierung. Wer wird nicht
lieber da wohnen, wo Freyheit, Gleichheit, Stille und Zufriedenheit herrscht, und wo jeder sagen kann, was er will; wo
ihm, wie der Verfasser des Nationalstolzes sagt, sein Geld und
sein Blut nicht gefordert wird, das er so oft unter dem schweren
Scepter des Despoten hingeben muß? Sie werden angelockt durch
die Freyheit des Gewissens. Süßmilch rechnet diese mit Recht

unter die Dinge, welche die Unterthanen eines Staates vermehren.
Wir haben alle Religionen unter uns; alle Religionen haben
nun auch ihren öffentlichen Gottesdienst, und Haß gegen andere
Glaubensgenossen ist was unerhörtes bey uns. Ohne Unterschied
der Religion wird jedem unsere Freyheit und Bürgerschaft ertheilt, für jeden Armen und Kranken gesorgt. Katholik, Refor-
mirter, oder Lutheraner ist gleich viel; nur ein ehrlicher Mann
muß es sein. Und warum sollten wir unsere eigenen Brüder
drücken, da wir einige tausend Juden unter uns haben, die wir
nicht als Sklaven behandeln, sondern lassen sie als Herren über
sich und ihr Gewissen frey leben. (Moritz berechnet [I, 198] als
Zahl der christlichen Einwohner 1785: 30,212; als Anzahl
der Juden, daf. S. 200: 6630. Nach dem fortgef. Verz. wurden
im Jahre 1797 in Frankfurt und Sachsenhausen eingesegnet:
Ehepaare 286, getauft 947, davon in Frankfurt a. M. 780, es
starben 1197, in Frankfurt 980 Personen. Von den in Frankfurt Verstorbenen waren 586 von der Bürgerschaft, 394 Beisassen und Fremde, 48 aus dem Hospital und 8 aus dem
Armenhaus.) Endlich werden die Fremden auch angelockt durch
den blühenden Handel, die blühenden Künste und Handwerker.
Von den ältesten Zeiten her sind die Handelsstädte und die,
wo die Künste geblühet haben, immer die volkreichsten gewesen.
Der Handel macht reich, die Künste bringen ewigen Nachruhm,
und die Künstler und Handwerker finden immer Verdienst genug
bei uns." Mit dieser Stelle halte man dann auch noch die
folgende zusammen, um eine gewisse Gesammtschilderung des damaligen Frankfurters zu erhalten. (Faber II, 531 fg.)

   „Man wähle den Mittelmann, der eine mittelmässige Erziehung
gehabt hat, der einige Ahnen zurückzählen kann, und dem das
angeerbte republikanische Blut die Brust warm hält. Dieser ist
von mittelmässiger Grösse, etwas hager, aber doch dabey von
starken muskulösen Eindrücken. Seine Nerven und Fleischfasern
sind ziemlich rigid, aber gespannt und empfindlich. Seine Säfte
laufen schnell und oft etwas tumultuarisch durch den Körper. Und
so sind alle seine Handlungen. Sein Gang ist schnell; geschwind
geschieht seine Arbeit, und sehr geläufig ist seine Zunge. Das

Ansehen aber ist etwas ernsthaft; der Ton seiner Worte ist etwas heftig, und scheint öfters einem Ausländer zänkisch zu seyn, das er doch nicht ist. Alle Absonderungen aus dem Blute geschehen eben so, wie sein Blut läuft, nemlich schnell. Und so geschehen auch die Aussonderungen; und daher kennet man ihn auch als einen starken Esser. Sonst ist ihm nichts gleichgültig, und er kann leicht gereizt werden. Offenherzig ist er aber nicht, sondern eher zurückhaltend und oft mißtrauisch. Seine Freyheit und Bürgerschaft weiß er zu schätzen, ohne ein Enthusiast zu seyn, das er immer jedem pöbelhaften Kerl überläßt, der bey der allerunschicklichsten Gelegenheit um so mehr darauf pocht, daß er ein Bürger sey, je ein schlechterer Kerl er ist. Da der Frankfurter keinen Zwang kennt, so ist er großmüthig und wer daran zweifeln wollte, der müßte seine vielen Stiftungen ganz verkennen. Wenn es die Bequemlichkeit und die Reinlichkeit gilt, so liebt er einen Aufwand, dadurch er sich vor seinem angrenzenden Nachbar dasjenige Ansehen geben kann, und sich diejenige Achtung verdienen macht, welche Lady Wortley Montague schon lang von den Republikanern überhaupt witzig angemerkt hat. Dieß sind ungefehr die Sitten, darinnen der Frankfurter etwas vor andern voraus haben mag; die übrigen aber sind der ganzen Welt ihre." (Gestohlen aus Behrends S. 69.)

Goethe kümmerte sich nicht bloß um die Sitten seiner Landsleute, um die Art wie sie lebten, sondern auch um Verfassungsverhältnisse, Häuser und Straßen, in denen sie ihr Wesen trieben. „Wenn Goethe sich damals vielfach mit den Frankfurter Verfassungsverhältnissen beschäftigte, so kommt das daher, daß damals die Frage der Stellung des Syndikus besonders lebhaft erörtert wurde. Diese, die rechtsgelehrten Beiräthe des Rathes, denen die Hauptarbeit zufiel, beanspruchten den Rang zwischen den ältern und jüngeren Schöffen, also vor den Rathsherren der zweiten Bank und dem aus ihnen gewählten jüngeren Bürgermeister; sie erlangten am 1. April 1795 ein günstiges Conclusum des Reichshofraths, gegen welches der Rath in einer von Schöff Dr. H. P. Schlosser verfaßten Vorstellung an den Kaiser protestirte und appellirte. Da Schlosser mit Goethe verwandt und befreundet war, wenn er auch in Goethes Aufzeichnungen nicht erwähnt wird, so lag diesem die Beschäftigung mit diesem Streit nahe. Schlosser starb übrigens kurz nach Goethes Abreise am 11. September 1797." (Jung.)

Wie sehr ihn sodann Häuser und Straßen interessirten, geht daraus hervor, daß er einen Aufsatz über die privaten und öffent- lichen Gebäude der Stadt niederschrieb. (Vgl. Tgb. 18. Aug. oben S. 43.) Doch scheint er nicht erhalten zu sein, wenigstens wird er weder in dem Inhaltsverzeichniß der Akten (oben S. 48 fg.), noch in den aus jenen Jahren stammenden Schriften über Kunst (W. A. Bd. 47) angeführt. Vermuthlich ist daher die in die gedruckte Reisebeschreibung aufgenommene oben skizzirte Abhandlung über einzelne Gebäude gemeint, auf die auch im Folgenden Rücksicht genommen ist.

Von den Gebäuden und Oertlichkeiten werden die nachstehenden im Tgb. aufgezählt; sie mögen in der Reihenfolge, in der sie bei Goethe vorkommen, genannt und Einzelnes über sie angemerkt werden.

Die „neue Straße am Fahrthor" (oben S. 40 Z. 9) ist unter diesem Namen nicht nachzuweisen. Denn mit dieser „neuen Straße" kann die Neugasse — von der Schnurgasse nach dem Hühnermarkt — unmöglich gemeint sein, weil diese schon bem 14. und 15. Jahrh. angehört (Battonn III, 111 ff.). Gemeint ist viel- mehr entweder die Brückhofstraße oder die Anfänge der jetzt „Schöne Aussicht" genannten Uferstraße, beide ganz nahe am Fahrthor gelegen. An der Stelle der letztgenannten Straße hatten Festungswerke gestanden, mit deren Abtragung man Anfang der neunziger Jahre begonnen hatte. Die neue Straße gehört somit zur Erweiterung der Stadt 1788—1830, die das seitherige Terrain des Fischerfeldes dem Stadtareal einverleibte. Die Pläne zu dem neuen Viertel rührten von dem Stadtbaumeister Heß, dem Alten, (1785—1616) her.

Der Römer (S. 40 Z. 10), das Rathhaus, bedarf weder für den Einheimischen, noch für den Fremden irgend einer Er- läuterung. Hier sei nur daran erinnert, daß er seinen Namen von den ursprünglichen Besitzern, der Familie Köllner zum Römer führte und 1405—8 erbaut wurde. Goethe hat selbst (Dichtung und Wahrheit 1. Buch, Anfang und an zahlreichen anderen Stellen besselben Werkes) ausführlich genug barüber gehanbelt. Eine genaue Beschreibung bei Hüsgen S. 568—572. Die neue Kirche. (S. 40 Z. 10.) Gemeint ist bie, welche an Stelle ber alten 1786 abgerissenen Barfüßerkirche gebaut wurde. Sie erhielt später ben Namen Paulskirche. Vollenbet wurde sie erst 1833. Sie erlangte eine besonbere Berühmtheit bekanntlich baburch, baß bas beutsche Parlament 1848 in ihr tagte. Diese Kirche ist bas einzige Frankfurter Gebäube, über bas in ber gebruckten Reisebeschreibung (Hempel 26, S. 43) etwas aus= führlicher gehanbelt wirb. Goethe tabelte, wenn er auch ben Bau an sich nicht verwerflich fanb, baß bie Kirche nicht frei liege unb baß, ba nun wohl ein freier Platz nicht gefunben werben konnte, für einen solchen Raum eine solche Form gewählt worben sei. Bei Hüsgen (im J. 1790) heißt es barüber: „Ihre Form wirb einem gebruckten Oval gleich sehen, unb im Lichten 132 Werk=Schuh lang auf 108 breit werben, wegen ihres einfachen Risses aber, von innen mehr Parabe, als von aussen machen, babey viel·gröser unb heller als bie alte Kirche werben, weil mehr Raum bazu genommen worben, unb ber Stanb=Ort etwas besser gewählet ist. Ihr 200 Werk=Schuh hoher massiver Thurm von schöner Architectur wirb ihre größte Zierbe seyn; nur ist zu be= bauern, baß seine sehr versteckte, nicht zu änbern gewesene Lage hinbert, ber Stabt als ein öffentliches Gebäu, zur Verschönerung nichts beytragen zu können. Zu wünschen wäre, baß man sich bes alten Altarblats wieber bebiente, welches bie Auferstehung Christi vorstellt, so jeberzeit als ein Meisterstück bes berühmten Matthäus Merian bekannt war, unb von ben größten Schrift= stellern seiner Zeit mit Ruhm angeführet wirb."

Der Pfarrthurm. (S. 40 Z. 15.) Der Grunbstein bazu wurde am 6. Juni 1415 gelegt. Der Bau wurde langsam geförbert unb 1512 unterbrochen, so baß er unvollenbet (ohne Spitze) blieb. „Ungeschickter Thurm" nennt ihn Goethe in einem freilich trüben Briefe 1775. Die Reparatur unb Vollenbung, seit 1826 häufig angeregt, wurde erst in ben letzten Jahrzehnten abgeschlossen. — Von bem Thürmer bes Pfarrthurms, ber posaunte, sobalb Truppen heran= rückten, erzählt Goethe D. u. W., Anfang bes 3. Buches. — Ueber ben

Thurm handelt Hüsgen sehr ausführlich S. 521 ff. Die Schluß-
stelle (S. 525 ff.) sei hier mitgetheilt, weil sie eine Beschreibung
der Aussicht enthält, wie Goethe und die Seinen sie genossen und
bewunderten (vgl. oben S. 4 Z. 21). Bei dem Abbruck dieser
und einiger folgender Stellen sind, um die Ursprünglichkeit des
Chronisten zu wahren, Schreibung und Zeichensetzung in ihrer
Seltsamkeit beibehalten, z. B. Gefüllte statt Gefilde, Kommata
zwischen Subject und Prädikat, Doppelpunkte statt Punkte u. A.
Die Stelle lautet: „Steiget man aber dagegen hinauf, und siehet sich
auf seiner Gallerie bey heiterm Himmel in den Elhsiums-Gefüllten
um, in deren Mitte er liegt, so wird man für die Mühe gewiß
reichlich belohnt: Hier siehet sich das Aug in dem weit' ausge-
spanuten Horizont nicht satt; Was die Natur an Schönheit ihrem
Erdball mittheilet, findet man da im Übermaaß; Gegen Morgen
begrenzen entfernt die Aussicht der Vogels-Berg und das Frey-
Gericht: Der Odenwald und die Bergstraß steigen mittägig mit
ihren Gipfeln hervor: Mehr nach Abend hin erscheint der breite
Donners-Perg in seiner 15 stündigen Entfernung, und endlich erblickt man die Berge des Rhein-Gaws, an welche sich die schöne
Berg-Kette unseres nächsten Nachbarn des Taunus anschliessen,
unter denen der Alt-König und Feld-Berg ihre Häupter als
Könige der Berge erheben; Durchströmt vom wohlthätigen Mahn.
und reich bewohnt von vielen guten arbeitsamen Menschen, liegen
hier dem Anschauer seegensvolle Gegenden mit einem solch ent-
zückenden Reitz vor Augen, die ihn zum Preiß der Allmacht in
einem weit überschwenklichern Maaß auffordern, als alle die
Glocken, worüber er gleichsam schwebet, obwohlen es eines der
reichsten Geläut in Teutschland ist."

.Die Bemerkung über die Schindelbächer, die der Er-
wähnung der Aussicht folgt (vgl. oben S. 4. Z. 24), steht bei
Faber I, S. 21 und stammt wohl aus den Rathsprotokollen des
Stadtarchivs.

Der Wendelische Laden (oben S. 40 Z. 15 ff.). „Joh.
Wendel sel. Wittwe auf dem Liebfrauenberg in französischen und
englischen Galanteriewaaren" heißt es im Handelskalender 1809.
— Im Handelskalender 1784 wird Joh Wendel als lebend ge-

nannt. Jedenfalls geht daraus hervor, daß das genannte Geschäft 1797 kein neu errichtetes war. Ob es überhaupt eine besondere Sehenswürdigkeit war, läßt sich aus unsern Quellen nicht
eruiren, immerhin mußte es Frau Christiane, die dergleichen noch
nicht gesehen hatte, imponiren. Ist die oben (S. 45) geäußerte
Vermuthung richtig, so hatte Goethe auch für andere Weimaraner
dort Besorgungen zu machen.

Französische, deutsch-reformirte Kirche (oben S. 40
3. 4 v. u.). Ihre „gewiß prächtigen Fasaden" rühmt Hüsgen S.463.

„Die „französische Kirche" ist die 1789—92 erbaute, noch
heute der französisch-reformirten Gemeinde dienende Kirche
auf dem Goethe-Platz (damals „Allee" genannt) (vgl. oben
S. 42 3. 1 und 10); die deutsch-reformirte, 1790—92 erbaute,
1793 eingeweihte Kirche ist die noch heute von der deutsch-refor-
mirten Gemeinde benutzte Kirche auf dem Kornmarkt. Ueber
diese beiden Kirchen wie über den Neubau der Hauptkirche (jetzt
Paulskirche oben S. 77) vgl. Wolff und Jung. „Die Baudenkmäler in
Frankfurt a. M." Bd. I. Während Goethe 1797 die beiden refor-
mirten Kirchen vollendet und wesentlich in dem Zustand sah, in
dem sie sich heute noch befinden, mußte er sich bei der Hauptkirche
mit einem Torso begnügen; der Rohbau des unteren Haupttheiles
war unter Dach gebracht, der Thurm war noch nicht begonnen;
1793—1804 blieb der Bau in diesem Zustande stehen." (Jung.)

Das Schweizerische Haus (oben S. 40 3. 3 v. u.) ist der
spätere „Russische Hof" auf der Zeil, auf dem Platz des ehemaligen Viehhofs. Der Erbauer des Hauses, Schweizer, eig.
Suaizer, seit 1816 von Alesina genannt Schweizer, Handelsmann
von Verona, seit 1766 Bürger. Theilhaber der Seiden- und
Modewaarenhandlung Silvester Alesina u. Sohn b. A. unter
der Neuen Kräme. Das Palais wurde 1787 bis 1792 erbaut,
und zwar von Nic. v. Pigage † 1796, 1889 niedergelegt, um dem
Postneubau Platz zu machen. Näheres über die interessante Geschichte dieses Palastes gibt L. Holthof im Archiv für Frankfurts
Geschichte und Kunst, dritte Folge, Bd. V. Der Maler des vielgerühmten Plafonds des Saales, Vorzimmers und Stiegenhauses
war Januarius Zick † 1812. Ueber das Schweizerische Haus bringt

Hüsgen folgenden Dithyrambus (S. 448 Anm.): „Dieses prächtige
Gebäude ist nach dem Riß und unter der Direktion des Herrn v. Pigage,
Chur-Pfälzischen Hof-Baumeister, aufgeführet, und erst dieses Jahr
ins Rauhe fertig worden, nachdem man brey Jahre damit zugebracht
hat, · und wohl eben so lang zur innern kostbaren Ausführung
nöthig haben wird. So viele Gebäude, ja wirklich schöne Bäu
daneben stehen, womit die Zeil in unsern Tagen ausgeschmückt
wurde, und gewiß einstens, statt der noch übrigen elenden Feuer-
nester, künftig ausgeschmückt werden wird; so wird dieses Haus
doch immer sein Haupt mit vorzüglichem Stolz darunter erheben.
Die Architektur ist das erhabenste Werk des menschlichen Geistes; wo
sie sich also nicht in angemessener Größe zeigt, da mangelts an
Einsicht am Beutel, oder der Riß-Fabrikant ist ein elender Tropf.
Weder ein noch anderes kann hier zum Vorwurf bienen; der grose
Geschmack hat sein Siegel darauf gedrückt; der kleine Geschmack
rede was er wolle."

Das Bethmannsche Gut (S. 41 Z. 8) ist nicht, wie
man meinen könnte, der Riedhof, der erst 1804 von der Stadt
an Bethmann verkauft wurde, sondern die jetzt im Rothschildschen
Besitze befindliche bekannte Grüneburg. Im Jahre 1789, also
nur einige Jahre vor Goethes Besuch, hatte der Bankier Bethmann gen. Metzler das Gut am Affenstein gekauft („Steinkaute")
und gebeten, es Grüneburg zu nennen.

Die Basaltgruppe in Bockenheim (oben S. 43 Z. 12;
diese und die folgende Notiz verdanke ich Herrn Dr. R. Jung),
wüßte ich nicht näher zu bezeichnen. Die ganze Gegend um Bockenheim ist reich an Basalt, welcher von jeher den Frankfurtern als
Baumaterial zu ihren Bauten gedient hat. Vielleicht beziehen sich
auf diese Basaltgruppen die mineralogischen Nachrichten vom 21. Aug.
Akten f. oben S. 48.

Unter den Höhen vor dem Eschenheimer Thor
(S. 43 Z. 19, 20) ist der Höhenrücken ca. 20 Minuten vor
demselben zu verstehen, auf dessen bescheidener Erhebung heute die
Ringstraße (nördlich der Grüneburg) läuft mit schönem Blick auf
den südöstlichen Abhang des Taunus.

Unter den damaligen öffentlichen Vorgängen und Natur-
ereignissen werden zwei von Goethe ausdrücklich erwähnt:
Die Parade (oben S. 40 Z. 7 v. u.) war eine der in
Frankfurt garnisonirenden österreichischen Truppen; eine Theilnahme
der städtischen Garnison ist aus den Akten nicht zu belegen.
Das Gewitter (S. 43 Z. 8) läßt sich nicht weiter nach-
weisen. Weder die Zeitungen, noch die handschriftlich vorhandenen
Chroniken erwähnen dies Ereigniß, das Goethes Interesse stark
erregte.

Alles Vorstehende mochte auch den gewöhnlichen „neugierigen"
Reisenden beschäftigen. Für unsere Begriffe könnte man in Goethes
diesbezüglichen Aufzeichnungen eher ein Zuwenig als ein Zuviel
constatiren. Grade bei ihm, einem Sohne Frankfurts, möchte man
erwarten, daß die Stätten, die ihm während des Vierteljahrhunderts,
das er in Frankfurt verbracht hatte, lieb und werth geworden,
genannt und besucht worden wären. Es dürfte nicht eben sentimen-
tale Anwandlung heißen, wenn man erwartet, daß er das väter-
liche Haus wenigstens angeschaut oder die Grabstätte des Vaters besucht
hätte. Aber auch das, was man gerade in den Aufzeichnungen
eines geschichtlich gebildeten Mannes erwartet, den Hinweis auf die
historisch merkwürdigen Stätten sucht man vergeblich. Die gleiche
Beobachtung, die man bei Goethes größtem Reisewerke, dem Buche
über seinen italienischen Aufenthalt macht, daß er nämlich
achtlos, oder geradezu verachtend an mittelalterlichen Bauwerken
vorüberging, macht man auch hier. Auch das eigentliche Treiben
der Menge, Volksleben und Volksvergnügungen — denn die Bemerkungen über das Spiel betreffen doch mehr die höheren Kreise
— finden kaum eine genügende Betrachtung.

Freilich war der Fremde — wenn man Goethe, den der
Heimath Entwöhnten, als einen Fremden betrachten darf — damals bei dem Gange durch eine unbekannte Stadt, in viel schwie-
rigerer Lage als heute. Vielfache ins Einzelne gehende Reise-
handbücher, an denen wir heute Ueberfluß haben, gab es damals
wenig. Die bekanntesten Reiseschriftsteller waren ohne Zweifel
H. A. O. Reichard (1751—1828) und Ch. F. Nicolai (1733—1811),
zwei unmittelbare Zeitgenossen Goethes, R. ihm auch persönlich

bekannt; ohne irgendwie intim mit ihm zu sein, Nicolai, sein
alter Feind, schon von den Tagen des „Werther".

Nicolais „Reise in Deutschland und der Schweiz", mit der
sich die Weimarer Genossen in den Xenien auseinanderzusetzen
hatten, hat es trotz ihrer elf Bände nur mit einem kleinen
Theile Süd-Deutschlands und Oesterreichs zu thun. Wien und
einzelne Städte Bayerns und Württembergs nehmen soviel Raum
ein, theologische und philosophische Fehden beanspruchen so viele
Bogen, daß dem Verfasser für die anderen Theile Deutschlands
kein Raum übrig blieb. Dies ist im Grunde sehr zu bedauern,
denn die ökonomischen und statistischen Nachrichten und Aufzäh-
lungen des Reisenden sind, da sie aus den originellsten Quellen
geschöpft, von hohem Werthe.

Reichard's etwas späteres Buch: „Der Passagier auf der Reise
in Deutschland und einigen angrenzenden Ländern, vorzüglich in
Hinsicht auf seine Belehrung, Bequemlichkeit und Sicherheit. Ein
Reisehandbuch für Jedermann von Kriegsrath Reichard, auch Verf.
des Guide des voyageurs en Europe. 3. Aufl. Berlin 1806"
(die erste war 1801, die 2. 1803 erschienen) enthält über Frankfurt
sehr wenig. (Daf. S. 236 die für unsere Zwecke nicht uninteres-
sante Notiz, daß Briefe von Weimar dort am 4. Tag ein-
trafen.) Die Einwohnerzahl wird (S. 343) auf 50,000, das
Einkommen auf 700,000 fl. angegeben. Nach einer kurzen Erwähnung des bedeutenden Handels heißt es: „Die Lage der
Stadt, in der Nähe des Schauplatzes des Revolutionskrieges,
bey der rühmlichen, deutsch-patriotischen Denkungsart der Einwohner,
verbunden mit den gezwungenen Anleihen, Requisitionen, Truppen-
zügen haben jedoch Frankfurts Wohlstand und Handel sehr be-
einträchtigt." Die eigentliche Beschreibung von Frankfurt, S. 606,
609 ff. ist ziemlich kurz. Unter den Gasthöfen wird der weiße
Schwan mit 2 Kreuzen versehen, d. h. sehr empfohlen. Sehenswürdigkeiten werden nur genannt, aber nicht beschrieben. Unter
den Spaziergängen werden aufgezählt, „die wegen ihrer herrlichen
Lage von Fremden zu besuchenden Örter vor der Stadt, die Gin-
heimer Höhe und der Röderberg, beyde mit malerischen, weiten
Prospecten."

Das, was die gewöhnlichen Reisenden auf Grund solcher Handbücher, ober angeleitet durch Mittheilungen ihrer Bekannten, suchten und sahen, fesselte Goethe nicht. Er hatte sich Schemata zur Betrachtung angelegt (vgl. an Schiller oben S. 4, Z. 10 v. u., wozu die Aeußerung an Meyer, daß er sich ein Schema machen wolle, S. 9, Z. 11 v. u., im Widerspruch zu stehen scheint). Aber dieses Reiseschema (vgl. Goethes Werke W. A. IV, Bd. 12, S. 431), über das Goethe, laut Tagebuch, „schon am 8. Juni mit Schiller conferirte, das die Reise-Alten eröffnet und den Versuch einer systematischen Gliederung aller Dinge und Verhältnisse darstellt, die auf einer Reise zu beobachten seien" ist mir leider nicht zugänglich.

So muß denn versucht werden, nur auf Grund der Briefe und Tagebücher dasjenige kurz darzustellen, das Goethe außer dem Politischen und Städtischen, das schon oben berührt wurde, sah und behandelte. Es sind: Theater, bildende Kunst, Dichtung, Aesthetisches, Personalia.

Goethes Aufmerksamkeit galt in erster Linie dem Theater. Er hatte sich schon in seiner frühen Jugend an den theatralischen Darbietungen seiner Vaterstadt ergötzt; seit 1767 war er als dramatischer Dichter, seit der ersten Zeit seines Weimarer Aufenthalts als Leiter des Liebhabertheaters, seit 1791 als Direktor des ständigen Theaters thätig gewesen. Gerade in dieser letzteren Eigenschaft mußte es ihn locken, das Theater einer größeren Stadt, das mit reicheren Mitteln arbeitete und mit einem verwöhnteren Publikum zu rechnen hatte, mit dem seinigen, für das beschränkte Mittel aufgewendet werden konnten, für das aber sein eigner Wille, unterstützt und gefördert durch die Autorität seines Fürsten, maßgebend war, zu vergleichen. Noch ein anderer Umstand kam dazu, seine Theaterliebhaberei zu fördern. Der Lebensbund mit Schiller war gewiß ohne jede Rücksicht auf die dramatische Thätigkeit Beider geschlossen worden. Nachdem er aber geknüpft war, wurde er fruchtbar für die theatralische, von Beiden lange vernachlässigte, von Schiller absichtlich gemiedene Arbeit. Gerade damals war Schiller eifrig mit Wallenstein beschäftigt, regte Goethe zur Wiederaufnahme des Faustplanes an und bereitete sich in Gemein-

schaft mit ihm vor, ein neues Repertoire für die Weimarer Bühne
zu schaffen. Aus dieser engen theatralisch-dramaturgischen Gemein-
samkeit erklärt sich auch, daß gerade in den an Schiller gerichteten
Briefen ausführlich vom Theater die Rede ist.

Die nachfolgenden Bemerkungen konnten sich nicht auf eine
gründliche Theatergeschichte Frankfurts stützen, wie wir eine solche
für die frühere Zeit in dem guten Buch von Elisabeth Menzel
besitzen. Sie stützen sich auf die Arbeiten von Bing, Oven, auf
das Studium der Theaterzettel (in der Frankfurter Stadtbibl.).
Die Stücke selbst waren schwer zu beschaffen: die Frankfurter
Stadtbibliothek und die Sammlung des Frankfurter Stadttheaters
enthalten nichts; einzelnes Wenige konnte ich mir aus den königl.
Bibliotheken von Berlin und Dresden und der Sammlung des
Großh. Hoftheaters in Weimar verschaffen.

Die von Goethe im Tagebuch und in den Briefen erwähnten
Stücke, die im Frankfurter Theater gespielt wurden, sind folgende:
(Von den Künstlern, die in Nachstehendem nach den Theaterzetteln
aufgeführt werden, handelt Goethe in einem Abschnitt seiner gedruckten
Beschreibung, [vgl. oben S. 53, Hempel 26 S. 36—38], doch
gibt er bei der Aufzählung ihrer Rollen gerade die in den unten
folgenden Stücken vorkommenden nur selten an. Bei den nachstehenden Mittheilungen ist die Schreibung beibehalten, wie sie
sich auf den Theaterzetteln findet.)

„5. Aug. 1797, Samstags. Der Deserteur. Eine Oper
in drey Aufzügen nach dem Französischen. Die Musik ist von
Monsigni. Die mitwirkenden Herren waren: Demmer, Dupré,
Lux, Schlegel, Schmidt, Schröber. Damen: Fräuleins Bulla,
Woralek, Frau Schmidt. (Die Damen sind als Demoiselle
und Madame bezeichnet.) Der Anfang des Theaters war an
diesem Abend und dem folgenden präcise um 6 Uhr. — Sonntags
d. 6. Aug. (die 1. Aufführung des Stückes hatte am 2. Juli
stattgefunden) Die Tempelherrn, ein Trauerspiel in fünf Aufzügen nach dem dramatischen Gedicht des Freiherrn von Kalchberg
bearbeitet. Herren: Demmer, Dupré, Engelhard, Prandt, Schmidt,
Schröber, Stentzsch; Damen: Aschenbrenner, Bulla. — Dienstags
d. 8. Aug. Die Müllerinn. Eine komische Operette in drey

Aufzügen aus dem Italienischen. Die Musik ist von Paisiello, Herren: Demmer, Lux, Schlegel, Woralek; Damen: Heinemann. Urspruch, Woralek. — Donnerstags, d. 10. August. Die vier Vormünder. Ein Lustspiel nach dem Englischen der Mrs. Centiliore. (Die deutsche Bearbeitung, die in Weimar gegeben wurde, war von Schröder. Vgl. außer Burkhardt, Biedermann in der Wiss. Beil. d. Leipz. Zeitg. 1891, Nr. 54.) (Es handelt sich in dem Stück um eine Waise, Miß Nancy Lovely, die einen Liebhaber, Hauptmann Harcourt, und vier Vormünder: den alten Stutzer Sir Philipp Madelove, den Alterthumskrämer Periwinkle, den Wechsler Tabelove, den Quäker und Strumpfhändler Obabjah Prim hat.) Herren: Amberg, Demmer, Dupré, Engelharb, Lux, Schmidt, Stentzsch, Ursprach, Zuccarini, Damen: Fräulein Boudet, Frau Bötticher und Ursprach. — Samstags, d. 12. Aug. Das Mädchen von Marienburg. Ein Fürstliches Familien-Gemälde in fünf Aufzügen von Kratter. Herren: Dupré, Engel-hard, Hartig, Lux, Praudt, Schlegel, Schmidt, Stentzsch, Ursprach, Woralek, Zuccarini; Damen: Aschenbrenner, Bulla. — Sonntags, d. 13. (Im Gegensatz zu den bisherigen und folgenden Vor-stellungen, die alle im Abonnement gegeben wurden, die vom 5. war die 167., die vom 24. die 177ste, war diese: „Abonnement suspendu, wegen der gewöhnlichen Vorstellung für die Armen".) Palmira, (die 1. Aufführung der Oper war am 7. April gewesen) Prinzessin von Persien. Eine heroisch-komische Oper in zwey Aufzügen nach dem Italiänischen frey bearbeitet von Ihlee. (Ueber Joh. Jak. Ihlee, den einzigen Frankfurter unter den hier angeführten Dichtern, der merkwürdige Schicksale hatte, — er war ursprünglich Posamentier —. vgl. Goedeke, Grundriß V, 543; banach ist der Text der Oper Palmira erst 1801 im Druck erschienen.) Die Musik ist von Salieri. (Außer den gleich zu nennenden Personen, wirkten unbenannt mit: Hofleute, Satrapen, Edle, Priester, Damen, Pagen, Gefolge der Fürsten von Indien, Scythen (sic) und Egypten.) Herren: Demmer, Lux, Prandt, Schlegel, Schröder, Woralek. Dame: Fräulein Woralek, Letztere spielte die Titelrolle. — Donnerstags, d. 17. Richard Löwen-herz. Ein Singspiel nach dem Französischen. Die Musik ist von

Grétry. Unbenannt: Kammerfrauen der Gräfin, Ritter und Knappen, Bediente, Soldaten, Bauern und Bäuerinnen. Herren: Demmer, Engelhard, Hartig, Lux, Schlegel, Schröder, Schmidt, Woralek (spielte den Richard), Zuccarini; Damen: Bulla, Schmidt, Urspruch, Woralek; ferner: Hannchen ein kleines Bauermädchen: Demmer.*

Außer diesen von Goethe ausdrücklich erwähnten, sicher von ihm angesehenen Stücken, wurden während seiner Anwesenheit in Frank-furt die folgenden gegeben, von denen hier nur der kurze Titel nebst Aufführungstag angegeben werden soll. Unter den in diesen Spielen Mitwirkenden begegnen keine neuen Namen außer am 19., wo es heißt: Herr Grüner, Regisseur des deutschen Theaters zu Reval, wird bey seiner Durchreise, als Gast, die Rolle des Sichel spielen. Am 20. spielte Grüner den Bittermann, am 21. den Papageno, der kleine Demmer trat in 2, ein Frl. Demmer in 1 Kinderrolle auf; am 21. und 24. wurde je eine Kinderrolle von Frl. Bötticher gespielt, außerdem spielte Hr. Stegmann als Greis. Die Stücke sind: Dienstags, d. 15. Die Advolaten. Ein Schauspiel in fünf Aufzügen von Iffland. Samstags, b. 19. Der Apotheker und der Doktor. Eine komische Operette in zwey Aufzügen von Stephanie dem Jüngern. Die Musik ist von Ditters, Edlen von Dittersdorf. Sonntags b. 20. Menschenhaß und Reue. Ein Schau-spiel in fünf Aufzügen von A. von Kotzebue. Dienstags den 22. August. Die Zauber-Flöte. Eine Operette in zwey Aufzügen. Die Musik ist vom Kapellmeister Mozart. Donnerstags d. 24. Das Vermächtniß. Ein Schauspiel in fünf Aufzügen von Iffland.

Der vorstehenden Liste aller während des Aufenthalts Goethes in Frankfurt aufgeführten Stücke sei es gestattet, einige Bemerkungen über das Frankfurter Repertoire überhaupt und ein paar Notizen zur äußern Geschichte des Frankfurter Theaters nachzuschicken.

Im J. 1797 (die Zettel vom 4. bis 30. Juli incl. fehlen) wurde von Shakespeare aufgeführt: 12. Juni Hamlet (Bearbeitung von Schröder) zum Debut des Herrn Stenzsch; von Goethe und Schiller nichts. Lieblingsautoren des Publikums und daher von der Regie besonders vorgezogen waren außer Bretzner, Gotter, Jünger besonders Iffland und Kotzebue; bei einzelnen ihrer Stücke heißt es: Manuscript. Es ist anzunehmen, daß nur bei den so bezeichneten Stücken bekannter Autoren diesen irgend welche Entschädigung gewährt wurde. Im J. 1798 (die Zettel sind in den ersten Monaten recht unvollständig) wurden König Lear (nach Shakesp., ohne Nennung des Bearbeiters), 11. Febr., von Schiller: Don Carlos 21. Febr., Fiesko 12. Aug. und 6. Okt. zur Darstellung gebracht. 1799 (auch während dieses Jahres sind freilich in den Zetteln viele Lücken) begegnet der Name keines der Heroen; am 31. Dez. 1799 gelangt das neue Jahrhundert von Kotzebue zur Premiere, was an dieser Stelle angemerkt sein mag, nicht um den Autor in die Reihe der Ersten zu setzen, in die er nicht gehört, sondern um anzudeuten, daß durch ihn und die Frankfurter Theaterverwaltung derselbe Irrthum in der Bestimmung des Anfangs des neuen Säculums (1800 statt 1801) begangen wurde, wie eine Zeit lang auch von den Weimarer Großen. Im J. 1800 wurden von classischen Stücken die folgenden gegeben: 29. Mai Minna von Barnhelm, 14. Sept. Macbeth, bearbeitet von Schiller, Manuscript (wiederholt am 27.). (Auch im J. 1800 sind große Lücken z. B. 16. Nov. bis 11. Dez.). — In den vorhandenen Zetteln von Anf. 1797 bis Ende 1800 also wurde, soweit aus den vorhandenen Theaterzetteln ersichtlich ist, kein Stück Goethes aufgeführt.

Ueberblickt man, nach den gerade für unsere kurze Periode vollständig vorliegenden Theaterzetteln — es wurde, wie man aus der vorstehenden Zusammenstellung ersieht, 4 mal wöchentlich: Dienstags, Donnerstags, Samstags und Sonntags gespielt — das Repertoire des Frankfurter Theaters, so ergibt sich Folgendes: Oper und Operette wechselten ziemlich regelmäßig mit Lust- und Schauspiel. Die ausländische Production wurde sehr stark berücksichtigt. Von den deutschen Autoren wurden die Lebenden bevorzugt. In den Vorstellungen von Anfang bis zu Ende des J. 1797 begegnet Kotzebue mit 5 Stücken, einem davon „Benjowsky" zweimal, Iffland mit 3, Bretzner mit 2, einem davon „Der Eheprokurator" zweimal, Lessing, Minna von Barnhelm, ein 2. Mal, auf Begehren, Engel, Jünger, Babo mit je einem Stücke. Das Repertoire war ungemein reich an Abwechselung.

In den 5 Monaten von Anf. Auguſt bis Ende Dezember wurden nur die Zauberflöte 4, Ludowiska von Cherubini 2, der Deſerteur 3, Palmira 3, die vier Vormünder 2 und 3 der obengenannten Stücke je 2 mal wiederholt. Da die Truppe ziemlich klein war, ſo wurde den einzelnen in Schauſpiel und Oper zugleich beſchäftigten Künſtlern ungeheuer viel zugemuthet.

Können die vorſtehenden Bemerkungen als ein kleiner Beitrag zur innern Geſchichte des Frankfurter Theaters gelten, ſo mögen noch einige Notizen über die äußere Geſchichte folgen:

In den letzten Jahrzehnten des 18. Jahrhunderts wurde das Frankfurter Theater vom Hofrath Tabor (einem Verwandten des Frankfurter Arztes 1751—1795) geleitet. Er hatte kein großes Glück und erregte nicht übermäßige Zufriedenheit. 1785 hatte er durch einen Brand zu leiden. Sein wiederholtes Geſuch, an Sonntagen und in der Faſtenzeit ſpielen zu dürfen, wurde abgeſchlagen. Auch ſein Nachfolger, Siegfried Gotth. Eckard-Koch, der Direktor des fürſtlich Mainziſchen Theaters, der 1789—92 in Tabors Contract eintrat, gewann keinen rechten Beifall.

Daher zeichneten 60 Bürger die Summe von 33000 fl. in Actien und wählten einen Ausſchuß, der Schritte zur Pachtung des Schauſpielhauſes thun ſollte. Dieſer Ausſchuß, dem auch Eim. Friedr. Küſtner angehörte, beantragte am 30. März 1791, ihm das beſtehende Schauſpielhaus auf 10 Jahre zur Miethe zu überlaſſen. Die Petenten erklärten ſich bereit, eine eigene Schauſpielgeſellſchaft zu begründen und die Koſten für alle Dekorationen zu tragen, verlangten aber Oeſen für die Heizung und die Erlaubniß, an den Sonntagen und in der Adventszeit zu ſpielen.

Die Verhandlungen kamen nicht raſch zum Abſchluß, weil ſowohl Tabor als die Mainzer die finanziellen Angebote der Frankfurter zu übertreffen ſuchten, bis endlich dieſe die Pachtſumme auf 4000 fl. ſteigerten. Daraufhin erhielt das Comité (22. Dez. 1791) auf zehn Jahre 1792—1802 das Theater zur Pacht. (1802 wurde der Contract um 10 Jahre verlängert; ein 1799 geſtelltes Geſuch, die Pachtzeit auf 25 Jahre auszudehnen, wurde abgewieſen.) Die Bedingungen waren folgende: Die Unternehmer zahlten 4000 fl. jährliche Pacht, außerdem 100 fl. für den Gebrauch der 11

städtischen Dekorationen (173 Stück). Die Stadt setzte in jedem
Stockwerke in den Logengängen zwei Oefen; die Unternehmer
waren für die Feuerversicherung verpflichtet und hatten für Be-
leuchtung, Heizung und Dekoration zu sorgen. Das Theater
mußte geschlossen bleiben am Bußtage, am 2. Sonntag vor Ostern,
Palmsonntag, 1. Oster- und Pfingsttag, Adventssonntag bis ersten
Weihnachtstag; an den übrigen Sonntagen sollten nur moralische
Stücke gespielt werden. Auch diese ziemlich strengen Bestimmungen
genügten den Geistlichen nicht; diese erklärten vielmehr, sie müßten
in Predigten vor Zerstreuung durch Comödien an Sonntagen
öffentlich warnen. Ferner wurde bestimmt, daß die Stücke vorher
der Censur zu unterliegen hätten, und daß auf den Theaterzetteln
eine Warnung angebracht würde, den Schauspielern etwas zu borgen.

Am 21. Okt. 1792 wurde das Frankfurter Nationaltheater
eröffnet. Ihlee, der schon oben S. 85 Genannte, war Cassirer,
Oekonom, Direktionssecretär und Theaterdichter; Regisseur war
Renuschüß (eig. Büchner), der früher 1787 fg. Schiller in Mann-
heim nahe getreten war, und der, 1795 wegen Mißhelligkeiten und
Ueberschuldung entlassen, von dem Schöffenrath aber wieder ein-
gesetzt wurde. (Er hatte sich 1791 auch Goethe angeboten, war
aber nicht genommen worden.)

Wichtige Ereignisse zur Geschichte des Theaters aus der
Goethes Anwesenheit unmittelbar vorangehenden Zeit sind wenig
bekannt: eine kleine Verwicklung 1794 mit einem russischen
Legationsrath wegen des Kotzebue'schen Benjowsky; die einige Zeit
während Schließung des Theaters nach der Okkupation Frankfurts durch die Franzosen (1796). Willemer, der später seit 1804
eins der einflußreichsten Direktionsmitglieder wurde und schon
1802 sein großes Interesse durch die Schrift: „Auszüge aus
Briefen über das Theaterwesen zu Frankfurt a. M." 1. Heft
1802 bethätigte, war zur Zeit von Goethes Anwesenheit noch in
keiner leitenden Stellung. Aber gewiß ist er oben S. 40 Z. 3. v. u.,
S. 42 Z. 15 (Tgb.) gemeint, denn ein Willms, wie der Name dort
lautet, findet sich in den Kalendern jener Zeit durchaus nicht, so daß
man einen Hör- oder Schreibfehler von Goethes Sekretär annehmen
muß. (Vgl. aber unten S. 48.) Der an letzter Stelle genannte Küstner

mag seine Reise, von der an der angeführten Stelle des Tgb. die
Rede ist, in Theaterangelegenheiten unternommen haben. Ueber ihn
findet sich die Notiz, daß er Meister vom Stuhl der Loge Einigkeit
war. In dieser war 1794—1797, vielleicht in Folge der unruhigen
Zeiten, ein Stillstand in den Arbeiten eingetreten (vgl. Annalen der
Loge zur Einigkeit, Flst. 1842 S. 292 f.). Daß sich Goethe in
Frankfurt um Freimaurerei gekümmert habe, darf man schwerlich
annehmen — er war, wie er am 3. Juli 1780 an Lavater
schrieb, Freimaurer geworden und feierte sein 50jähriges Jubiläum
1830 mit dem Gedicht „Dem würdigen Bruderfeste Johanni
1830" — war aber nicht so eifrig daß er auch auf seinen
Reisen das Maurerwesen studirte. „In der Loge" (S. 42 Z. 9)
bedeutet gewiß: Theaterloge.

Von den sieben Stücken, die Goethe zu Frankfurt im Theater
sah, war ihm die Mehrzahl schon vorher bekannt. (Für das
Folgende: Burkhardt, Repertoire des Weimarischen Theaters,
Hamb. u. Lpz. 1891.) Am bekanntesten das Mädchen von
Marienburg, das in Weimar in der Vulpius'schen Bearbeitung
gegeben wurde, 23 mal von 1794—1809, außer auf der eigentlichen
Hauptbühne Weimars auch in den Filialen: Erfurt, Lauchstädt,
Naumburg, Rudolstadt. Das Stück mußte Goethe um so besser
bekannt sein, als es kurz vor seiner Abreise gespielt worden
war; übrigens erschien es auch wieder Auf. 1798 auf dem Spielplan. Sodann: Rich. Löwenherz, 14 mal 1793—1814,
theils in Weimar, theils in den Filialen gespielt; ferner die 4
Vormünder, die nur 7 mal von 1793—99 theils in Weimar,
theils auf den Nebenbühnen vorkamen; endlich die Tempelherrn, ein Stück, das bei Burkhardt als Drama von Kaffka genannt wird und nur ein einziges Mal, noch dazu nur in Lauchstädt
1791 dargeboten wurde. Die Frankfurter und Weimarer Angaben
lassen sich vereinen: Das Drama 1788 von Kalchberg gedichtet,
wurde für die Bühne von Kaffka bearbeitet, erschien freilich erst 1796
im Druck. Vgl. Goedeke, Grundriß V, 344 und 262.

Man ersieht aus dieser Zusammenstellung, daß eins der Goethe
bekannten Stücke nicht wieder nach der Reise auf die Weimarer
Bühne kam, die 3 anderen auch nach der Frankfurter Zeit wieder

Fuentes
Dekoration zu Palmira.

gegeben wurden und zwar: Die 4 Vormünder 2 mal 1799, Rich.
Löwenherz 3 mal, aber erst 1814, so daß eigentlich nur ein einziges der alten Weimarer auch in Frankfurt gesehenen Stücke
wirkliches Repertoirestück blieb, nämlich das Mädchen von Marienburg, das von 1798 an noch 12 mal den getreuen Gästen der
weimarischen Truppe vorgeführt wurde.

Dagegen sind die folgenden Stücke erst nach Goethes Aufenthalt in Frankfurt zu Weimar aufgeführt worden. Am spätesten:
Der Deserteur, der von 1804 bis 1807, 5 mal, darunter
1 mal in Lauchstädt gespielt wurde. Am frühesten: das zweite
Stück, die schöne Müllerin; dieses wurde nämlich sehr bald
nach Goethes Rückkehr ins Weimarer Repertoire aufgenommen
(11. Nov. 1797) und blieb ein Lieblingsstück, denn es wurde
28 mal bis Ende 1816 in Weimar, Halle und Lauchstädt gegeben.
Endlich: Palmira, die 1799 zum ersten Male, im Ganzen
5 mal in Weimar und Lauchstädt aufgeführt wurde.

Das letzterwähnte Stück wird von Goethe ausführlich genug
behandelt, so daß es nur nöthig ist, in Kurzem auf diese Behandlung hinzuweisen.

Nur die eine Notiz, die ich einer gef. Aeußerung Rulands
entnehme, mag hinzugefügt werden, daß Goethe Rabl'sche Aqua-
tinten von Palmira-Decorationen nicht besessen hat.

Die beiden anderen Singspiele, auf die Goethe in den hier
benutzten oder abgedruckten Quellen nicht näher eingeht, seien kurz
besprochen. (Von ihnen war die schöne Müllerin, deren musikalischer
Theil als besonders vollendet galt, als eine der reichsten Schöpfungen
Paisiellos auch ein Lieblingsstück der Berliner, das 105 mal von
1793—1837 gegeben wurde, während es „Der Deserteur" 1787
bis 1822 nur auf 35 Wiederholungen brachte.) Außerdem mag
das einzige wirkliche Repertoirestück unter den sieben „Das
Mädchen von Marienburg" kurz betrachtet werden.

Wäre man auf das Textbuch der „schönen Müllerin" angewiesen
(mir liegt ein undatirtes, nach Druck, Papier, Preisbezeichnung zu
urtheilen, modernes Exemplar aus der Dresdner Bibliothek vor), so
ließe sich schwer über den Inhalt urtheilen. Das Textbuch enthält
natürlich nur die gesungenen Stellen; diese aber sind im Verhältniß

zum geſprochenen Text gering: im 1. Alt fehlen von den 17 Scenen
8, im 2. Alt folgt auf die 1. Scene gleich die 6., dann kommt
Scene 10, 12, 14 und dabei iſt es häufig genug der Fall, daß die
Geſänge, die unter den einzelnen Scenen mitgetheilt werden, nicht
den vollſtändigen Inhalt dieſer Scenen ausmachten, vielmehr mit
Proſageſprächen untermiſcht waren. Glücklicherweiſe bin ich im
Laufe der Arbeit, nachdem ich ſchon fürchtete, mich mit dieſem
Textbuche begnügen zu müſſen, durch freundliches Entgegenkommen
des Herrn General-Intendanten des großh. Weim. Hoftheaters von
Bignau in den Stand geſetzt worden, auch von dem den beiden Weimarer
Aufführungen zu Grunde gelegten Text, d. h. dem proſaiſchen
Dialog, denn dieſer enthält ſeinerſeits die Geſänge nicht, Rechen-
ſchaft zu geben. Er hat für uns ein um ſo größeres Intereſſe,
als er von Vulpius, Goethes Schwager, dem allzeit bereiten, nicht
ungeſchickten Opern- und Dramenbearbeiter, herrührt.

„Die ſchöne Müllerin“ Röschen, kommt ins Schloß, um der
Baronin Eugenie zu ihrer Verheirathung mit dem Baron Hannibal
von Felſenherz zu gratuliren. Die Vermählung iſt aber noch
nicht geſchloſſen. Denn der leichtfertige Hannibal ſucht durch
allerlei Ausflüchte den Notar Piſtofolus zu einem recht ver-
clauſulirten Vertrag zu veranlaſſen. Er benutzt Röschen, um
ihr die Cour zu machen und reizt dadurch den Zorn der Baronin.
Aber er verſtimmt auch den Notar, denn auch dieſer macht der
ſchönen Müllerin eine Liebeserklärung, die als einzige Probe des
Stückes hier folgen mag.

Piſtofolus.
Hier haſt du meine Hand pro Hypotheca.

Röschen.
Ihre Hand? Ich verſteh Sie nicht.

Piſtofolus.
Ich will dirs erklären. (Er räuſpert ſich.) Venus, die
Mutter der Liebe, der Grazien und der Schönheit — du kennſt
doch die Venus —

Röschen.
Nicht recht!

Pistofolus.

Wirst sie bald kennen lernen. Venus also, die Mutter der
Liebe, der Grazien und der Schönheit, hat sich durch deine Augen
in dieses Herz gestohlen. Da sie nun in einem von zwey Turtel-
täubchen gezogenen Wagen, an dem Himmel deines Gesichts hin
und herfährt, so wünsche ich als Sohn des Apollo — den Apollo
kennst du doch? —

Röschen.

Noch weniger!

Pistofolus.

Er ist der Großvater der Notare — wie gesagt, so wünsch'
ich, als Sohn des Apollo, mich auf ihren Wagen zu schwingen,
und damit in dein Herz zu fahren.

Röschen (sie lacht).

Hä! hä! hä! Herr Notar, das ist zu hoch für mich und zu
langweilig für meine Umstände. Die gnädige Frau würde rasend
werden, wenn sie zurück käme und mich noch hier fände. Erklären
Sie sich doch kurz und deutlich.

Pistofolus.

Du hast Recht. Ich will mich breviter fassen und dir sagen,
daß du mir mein Herz gestohlen hast, daß ich dich liebe, und
dich zu meinem Weibe zu machen wünsche. Ist das kurz und
deutlich?

Röschen.

Sehr kurz und sehr deutlich.

Aber auch ein Dritter, der alte vermögende Herr Amtsverwalter Knoll ist in das Mädchen verliebt und erbittet, da er
seiner Redegabe nicht recht traut, die Vermittlung des Notars,
eine Bitte, die dieser als schwere Beleidigung, als werde eine
Kuppelei von ihm verlangt, zurückweist, während er nicht wagt, dem
hochstehenden Baron offen seine Mitwirkung zu versagen. Alle drei
kommen mit der schönen Müllerin, die im Grunde ihres Herzens
dem Notar nicht abgeneigt ist, zusammen; der Notar, von den
beiden Mitbewerbern gedrängt, weigert sich, in ihrer Gegenwart

mit dem Mädchen zu sprechen; während sich Knoll feige zurück-
zieht, geht Felsenherz mit dem Degen auf seinen Mitbewerber los,
der Notar vertheidigt sich; Knoll denunzirt der Baronin die ge-
schehene Störung der Ordnung und erhält den Befehl, die Stören-
friede energisch zu bestrafen.

Nachdem Röschen in ihre Mühle zurückgelehrt ist, empfängt
sie zuerst den Besuch des Barons, dann den des Notars und
nöthigt Beide, sich je in eine Kammer zurückzuziehen, und sich,
der eine als Gärtner, der andere als Müller zu verkleiden. In
diesem Costüm singen Beide unerkannt der plötzlich in Begleitung
Knolls erscheinenden Baronin Lieder vor und entfernen sich mit
Zurücklassung ihrer Kleider. Diese werden, kaum nachdem sich
deren Besitzer entfernt haben, von dem Verwalter gefunden, der
nachher behauptet, alsbald Verdacht geschöpft zu haben. Die von
ihm oder der Baronin geäußerte Vermuthung, daß in den Müller-
und Gärtnerkleidern der Baron und der Notar stecken, wird durch
Ferdinand, den Sohn des früheren Verwalters, bestätigt, der mit
der Baronin aufgewachsen ist und sie liebt. Ehe aber die Rache
sich vollzieht, hat Röschen mit dem Baron und dem Notar eine
Zusammenkunft. Letzterer spricht laut für den Baron, leise für
sich, und da die Müllerin an ihre Hand die Bedingung knüpft,
daß ihr Auserwählter Müller werden soll, eine Bedingung, zu
welcher der Baron sich nicht verstehen kann, während der Notar
sie einzugehen bereit ist, so erhält Letzterer die Zustimmung. Auch
dieser jedoch kann seinen langgeübten und liebgewordenen Beruf
nicht aufgeben, und so würde die Komödie zur Tragödie sich
umwandeln, wenn nicht während einer kurzen Verhaftung der beiden
Männer diese sich über ihr Gefühl klar würden. Aus welchem
Grunde diese Verhaftung vor sich geht, kann man freilich selbst
aus einer Kombination des Dialogs und der Gesänge nicht ent-
nehmen. Man sieht nicht ein, wieso die Baronin ein Recht
hat, die Freiheit des Barons zu beschränken, und es bleibt durchaus unklar, wodurch der Notar selbst eine kleine Freiheitsstrafe
verwirkt hat. Jedenfalls sind nach der Befreiung der beiden Ge-
fangenen alle Differenzen gelöst. Der Baron wird mit der Baronin, der Notar mit Röschen glücklich.

Da auch für Ferdinand noch ein Liebchen, die Vertraute der Baronin, da ist, so kann man die frohe Aussicht auf drei glückliche Paare hegen und brauchte nur den Amtsverwalter Knoll zu bedauern, der leer ausgeht und etwa gar noch verpflichtet ist, den Erfolg seiner Nebenbuhler zu registriren.

Es ist schwer denkbar, daß dieses Textbuch, das auch für eine Oper blöde genug ist, Goethe so gereizt haben kann, daß er das Singspiel alsbald in den Weimarer Spielplan aufnahm; der Reiz muß also in der Musik gelegen haben, über die ich nicht urtheilen kann. In dem Text befinden sich, wie nebenbei bemerkt werden soll, zwei Stellen, die an moderne Texte anklingen, die eine: „Wie verschieden ist die Liebe, In der Stadt und auf dem Land", die andere: „Die Liebe, ach die Liebe Hat mich so weit gebracht".

Zur Characteristik des Textes sei erwähnt, daß der Notar beständig, wie auch die oben mitgetheilte Probe gezeigt hat, sowohl während seiner Amtsfunctionen als im Privatgespräch mit lateinischen Floskeln um sich wirft, daß der Baron seine abligen Vorrechte in ziemlich lächerlicher Weise geltend macht, und daß der Amtsverwalter die Weisheit seines Alters rühmt, aber da dieses Selbstrühmen mit dem, was er thut, nicht recht übereinstimmt, von Vielen arg gehänselt wird.

Die Handlung ist höchst unwahrscheinlich, die Charactere die gewöhnlichsten Lustspiel-Typen, ohne eine Spur von Originalität. Die Umwandlung in dem Character des Röschen wird ebensowenig begründet wie das Aufhören der Flatterhaftigkeit des Barons. Das Weimarer handschriftliche Exemplar des Prosa-Dialogs trägt starke Spuren der Benutzung: manche Blätter sind zusammengeklebt, Vieles gestrichen, mancherlei hineincorrigirt. Natürlich habe ich genau Umschau gehalten, ob nicht Goethes Spuren zu erkennen wären, habe aber nur an einer Stelle gegen das Ende des Ganzen, wo einige Seiten gestrichen sind, am Rande folgende Worte mit Rothstift gefunden: „Einzutragen aus den Rollen", Worte, die nach den Schriftzügen von Goethe geschrieben sein könnten.

Das zweite Stück ist „Der Deserteur", ein Singspiel in drey Aufzügen nach Sedaine (103 Seiten mit sechs Blättern Notenbeilagen).

Das von mir benutzte Exemplar der Berliner Kgl. Bibliothek macht den Eindruck, als wenn es aus einer größeren Sammlung herausgenommen und einzeln gebunden wäre. Ein eigentliches Titelblatt mit Angabe des Druckers und Verlegers fehlt; nur auf der Rückseite des letzten Notenblattes steht: Frankfurt am Mayn, gedruckt in der Andreäischen Buchdruckerei, 1775. Bei dem Personen-Verzeichniß sind die Namen der Frankfurter Künstler und Künstlerinnen beigedruckt, die bei der ersten Aufführung des Stückes mitwirkten, z. B. die Damen Marchand, Brochard, Urban, die Herren Rose, Hellmuth, Huck, über die Alle Elisabeth Mentzels Buch, Frankfurt 1882 zu vergleichen ist. Aus einer Notiz bei Mentzel, S. 317, geht hervor, daß unser Stück spätestens 1774 in Frankfurt zum ersten Mal gespielt wurde; Goethe konnte es daher ganz wohl schon damals gesehen haben, obwohl er es nicht anführt, wie ja auch der Name Sedaines in „Dichtung und Wahrheit" überhaupt nicht vorkommt. Die Kenntniß des Stückchens durch Goethe kann freilich durch keine bestimmten Zeugnisse bewiesen werden; wohl aber läßt sich nicht leugnen, daß die Arien in Versmaß und Ton eine gewisse Aehnlichkeit mit denen der Goethischen Singspiele aus jener Zeit aufweisen, so daß eine Beeinflussung dieser durch jenes nicht ausgeschlossen erscheint.

Das Stück wurde im Original zu Paris im März 1769 zuerst aufgeführt. Es theilte das Schicksal vieler Stücke desselben Verfassers: der Erfolg der ersten Vorstellung war mehr als mittelmäßig, der der folgenden war sehr bedeutend; bei der zehnten waren schon zwei Stunden vor Beginn der Aufführung alle Plätze vergriffen. Grimm, der dies erzählt (Corr. litt. VIII, 308, 317, 321, 329) bewunderte die Dichtung und tadelte die Musik. Das französische Original (Ich benutze die Ausgabe [Kgl. Bibl. Berlin]: Le déserteur, drame en trois actes en prose mêlé de musique par M. Sedaine. Paris 1770) ist der deutschen Uebersetzung bei Weitem vorzuziehen.

Man vergleiche nur ein paar Stellen. Zunächst die erste Arie, bei der im Französischen Luisens Unlust an der Täuschung theilzunehmen viel stärker hervortritt:

Peut-on affliger ce qu'on aime?
  Pour quoi chercher
  A le fâcher?
Peut-on affliger ce qu'on aime?
C'est bien en vouloir à soi-même
Je l'aime et pour toute ma vie:
Et vous voulez que cette perfidie...
  Ah! mon père, je ne saurois:
  A sa place, moi, j'en mourrois.

Peut-on affliger ce qu'on aime,
C'est bien en vouloir à soi-même.

Ein solches Herz zu kränken,
Das mich so treu, so zärtlich liebt!
Ein solches Herz zu kränken,
Nicht ohne Schauer läßt sichs denken.
Ihn, den ich wie mein Leben liebe,
Verlangt man es, daß ich ihn so
  betrübe?
Ach! nein, mein liebster Vater, nein!
Wär ichs, des Todes würd ich seyn!

Der Schluß von Alexis' Gesang im 1. Akt:

Que le remors soit ton partage
Mon trépas sera ton ouvrage
Que notre adieu soit éternel.

Wenn einst dich dein Gewissen quälet,
So denk, daß du mich selbst entseelet,
Du stimmst in mein Verderben ein,
Drum soll der Abschied ewig seyn.

2. Akt. 11. Scene; Alexis im Terzett mit Braut und Schwiegervater:

Console-toi ma tendre amie,
Mon sort te prouve mon amour
Tu diras, s'il m'eut moins chérie,
Il n'auroit pas perdu le jour.
Ne viens point porter tes alarmes
Dans mon coeur prêt à s'attendrir,
Ne pleure pas, sèche tes larmes,
Garde-les pour mon souvenir.

Am Grabe, das mich bald umgiebet,
Louise, wird dein Herz gestehn:
Hätt er mich nicht so treu geliebet,
So wär dieß Unglück nicht geschehn.
Hör' auf, mein Kind, mich zu bedauern,
Was hilft es mir, daß du dich kränkst?
Die beste Art, mich zu betrauern,
Ist, daß du öfters an mich denkst.

Daß die Uebersetzung nicht wörtlich ist, geht z. B. auch daraus hervor, daß die weibliche Hauptperson, Luise, nach dem Erwachen aus der Ohnmacht, im deutschen Text singt: „Wo bin ich? — Gott! Zu neuem Schmerz erwacht!" während es im Französischen hieß: „Ou suis — je? — O ciel, j'ai les pieds nus" eine Aeußerung, die Grimm sublime fand, während andere Kritiker sich über sie lustig machten.

Das Stück ist troß Grimms Lob in Erfindung und Aus-führung dem vorher erwähnten kaum vorzuziehen. Der Soldat Alexis liebt Luise, die Tochter des Invaliden Johann Lud-wig, und wird von ihr wieder geliebt, die Liebschaft auch vom Vater des Mädchens und den Gewaltigen des Dorfes begünstigt. Trotzdem erlauben sich die Hauptbetheiligten den grausamen Scherz,

dem zum Urlaube heimkehrenden Liebhaber weiß zu machen, daß
Luise sich den Tag vorher mit seinem Vetter Bertram vermählt
habe. Statt eine Aufklärung, die er sehr leicht haben könnte,
zu erbitten, stürmt er fort, nicht etwa, was man begreifen könnte,
um sein Leben zu beenden, sondern, was in seiner Lage das
Thörichteste und Nutzloseste ist, um zu desertiren, und er ist, um
gleich den Gipfel der Thorheit zu ersteigen, naiv genug, diesen
Entschluß, den man sonst bei sich zu behalten pflegt, einigen
Soldaten, die gerade herbeikommen, mitzutheilen. Natürlich wird
er alsbald von diesen gefangen genommen und soll getödtet werden.
Seine Geliebte, deren Vater, sein Vetter, der in jenem traurigen
Spaß eine so klägliche Rolle gespielt hatte, besuchen ihn im Ge-
fängniß. Den Bitten der Luise, die zu dem gerade im Lager
weilenden König eilt, gelingt es, für den schon Verurtheilten
Gnade zu erwirken.

Es ist schwer, über das leichte und seichte Machwerk ernsthaft
zu discutiren. Das Benehmen aller Personen am Anfange des
Stückes, auf dem die Verwicklung des Ganzen beruht, spottet jeder
gesunden Vernunft. Welcher Widersinn liegt darin, daß die
Personen, die alle mit gleicher Begierde den zurückkehrenden
Soldaten erwarten, einen Hochzeitszug arrangiren, ein Mädchen,
die Gespielin der Luise, instruiren, dem Geliebten und Ersehnten
eine falsche Nachricht vorzuspiegeln, von der jeder der Betheiligten wissen müßte, daß sie die schlimmsten Folgen hervor-
rufen kann. Welche Thorheit liegt darin, daß Alexis sofort
Alles glaubt, was er selbst, wenn er nur bei halber Besinnung wäre, nicht glauben dürfte, und in seiner Verzweiflung
gerade das Allerunvernünftigste thut, was er nur thun kann!
Diese schale Handlung indessen wäre nicht im Stande gewesen,
drei Acte zu füllen. Um diese Ausdehnung zu ermöglichen, werden
viele Soldatenscenen eingefügt, die mit der Haupthandlung durchaus nichts zu thun haben, Scenen, in denen ein bestechlicher
Kerkermeister, ein bramarbasirender Soldat und ein ewig be-
trunkener Unteroffizier vorkommen und das komische Element darstellen. Wie dürftig aber ist der Witz! Zu seiner Charakteristik
mögen zwei Stellen dienen: In der einen fordert jener ewig be-

trunkene Soldat Namens Himmelssturm den Vetter Bertram auf,
mit ihm zu trinken und antwortet auf dessen Bemerkung „man
trinkt nicht sogleich, ohne sich zu kennen", die Worte: „Kenne
ich Euch denn? Und das hindert mich nicht, mit Euch zu trinken".
In der anderen rufen die Worte des Alexis: „O, Himmel,
welch ein Sturm von Qualen", die Entgegnung des scherzhaften
Kerkermeisters hervor: „Ihr kennt den Himmelssturm? Nun gut,
ich will ihn Euch rufen". Im französischen Text heißt Himmelssturm Montauciel; auf Alexis' Ausruf Je voudrais la voir!
Oh ciel, oh ciel, folgt dieselbe Antwort des Kerkermeisters.
Das einzig Komische ist vielleicht der Schluß des zweiten Actes,
wo Bertram von Himmelssturm gezwungen wird, gleichzeitig mit
seinem lustigen ein trauriges Lied zu singen, ein Gesang, bei dem,
wie man sich denken kann, die gräulichsten, vielleicht komisch
klingenden Dissonanzen vorkommen mußten. Die Verse sind zum
Theil ganz abscheulich. Die Folgenden:

> „Und jeder Augenblick bringt ja
> Uns immer mehr dem Grabe nah"

oder die schon angeführten (S. 97):

> „Hör' auf, mein Kind, mich zu bedauern,
> Was hilft es mir, daß du dich kränkst?
> Die beste Art, mich zu betrauern,
> Ist, daß du öfters an mich denkst!"

sind noch nicht die schlimmsten.

Das dritte Stück, „Das Mädchen von Marienburg"
ist trotz seiner nicht ganz ungeschickten Mache ein ödes Rührstück.
Es sündigt unverantwortlich gegen die geschichtliche Wahrheit, es
häuft Unwahrscheinlichkeiten, ja, schreckt vor der Unmöglichkeit nicht
zurück. Das Mädchen von Marienburg ist Kathinka, die Tochter
des Pastors Glück. Die Stadt, in welcher der Vater mit der
Tochter und einem Sohne Eduard lebt — der Letztere ist ein
guter Flötenspieler und hat nur eine episodische Rolle, die man
in der Analyse ebenso gut unerwähnt lassen kann — wird von
Soldaten geplündert und dabei das Mädchen geraubt. Sie kommt
in die Hände eines Soldaten, der, ehe er Zeit hat, an ihr seine
Gelüste zu befriedigen, sie einem General Bauer abtreten muß.

Von diesem, der ebenso wie alle anderen Personen des Stückes von
Edelmuth trieft, kommt sie in die Hände des Feldmarschalls
Menzikoff, der nicht etwa ein Schwindler, Leuteschinder und Barbar,
sondern der edelste General unter der Sonne ist. Er überläßt
sie seiner Frau Natalie, einer Uebersetzung des Edelmuths ins
Weibliche. Menzikoff und seine Frau leben, wie es scheint, als
einzige Umgebung des Zaren Peter in Peterhof. Man hat das
Gefühl, als wenn dieser nach dem Muster des Goethischen Thoas gebildet sei, denn er ist ein Barbar, aber ein großer Mann, ein
Mensch, in dem Wuth und ruhige Ueberlegung, grausames Ge-
lüsten und weibisches Verzweifeln in seltsamer Mischung vorhanden sind. Kathinka ist die Vierte im Bunde, oder richtiger,
die Erste. Sie ist Nataliens Freundin, Menzikoffs Freundin, des
Zaren Freundin. Mit ihrer Klugheit löst sie die schwierigsten
politischen Probleme, mit ihrer Milde begütigt sie den Männer-
zorn, durch ihre Bitten schafft sie ungerecht Verurtheilten oder
Verdächtigten Verzeihung und Wiedereinsetzung in ihre Rechte.
Wie ein solch ungeheurer Uebergang von einem einfachen Dienst-
mädchen, zu dem sie bei ihrer Gefangennehmung bestimmt schien,
zu der allmächtigen Beratherin sich vollzieht, wird uns nicht erklärt. Wie eine solche Verwandlung, die vielleicht in Jahren
möglich wäre — schöne und geistreiche Frauen bringen solche
Verwandlungen fertig —, in fünf Monaten von der Gefangennehmung bis zum Anfang des Stückes geschehen konnte, entzieht
sich der Prüfung. Denn wirklich sind nur fünf Monate ver-
gangen. Statt daß sie nun alsbald an die Ihrigen schreibt,
die sich in Sorge um sie verzehren, läßt sie es geschehen, daß
diesen nur eine geheimnißvolle Kunde von ihrem veränderten Ge-
schicke zukommt. Vater und Bruder, in Verzweiflung über den
Raub der geliebten Tochter und Schwester, haben sich aufgemacht, um
die Verlorene zu suchen. Da sie von allen Mitteln entblößt sind,
mußten sie ihre Wanderung im größten Elend antreten, während es
doch der verloren Geglaubten so leicht gewesen wäre, ihnen mit der
sicheren Kunde auch pekuniäre Mittel an die Hand zu geben, um das
Rettungswerk mit geringeren Schwierigkeiten zu vollbringen. Sie
kommen nach Peterhof, sehen den Zaren, der alsbald den Zu-

sammenhang erkennt: die Verwandten fallen sich gerührt in die
Arme. Aber unterdeß hat sich eine große innere Umwandlung
vollzogen. Zar und Kathinka haben ihre gegenseitige Liebe er-
kannt, sie fühlen sie, ohne sie einander zu gestehen. Der Pastor
Gluck — der echteste Aufklärungstypus, den es geben kann —
wittert in dieser einstweilen ganz reinen Liebe Verderben; man
möchte an den alten Odoardo denken, wenn dessen starrer Tugend-
begriff nicht hier sehr verwässert wäre, und wird daher auf Iff-
landsche Consistorialräthe als unmittelbare Muster geführt. Gluck
meint, Kathinka sei des Fürsten Buhlerin und sagt es dem un-
schuldigen Mädchen in schnödester Art auf den Kopf zu. Sie
ahnt die Gefahr, da sie ja ihr Herz nicht frei weiß. Daher
bittet sie den Zaren um die Erlaubniß zur Heimkehr, kann sie
aber nicht erlangen. Um den Vater völlig zu beruhigen, ent-
schließt sie sich blutenden Herzens, mit ihm während der Nacht
zu fliehen. Das Schiff, auf das sie sich geflüchtet, wird einge-
holt, die Flüchtlinge als Gefangene zurückgebracht. In einer
neuen großen Unterredung giebt der Zar das Mädchen frei. Aber
da er doch ohne sie nicht leben kann, erhebt er sie schließlich zu
seinem Weibe, wogegen auch der alte Pastor nichts einzuwenden hat.

Neben dieser Haupthandlung spielen ein paar Scenen, wie
sie aus jedem Geschichtsbuch entnommen werden können: wie der
Zar strenge Gerechtigkeit gegen betrügerische Kaufleute übt, wie
er Menzikoff verdächtigt und von ihm alsbald wieder umgestimmt
wird; auch die Erinnerungen an den Aufenthalt des russischen
Gewaltherrschers in Holland und die Beziehungen, die sich dort
geknüpft haben, werden nicht vergessen.

Die ziemlich knappe Handlung wird durch endlose Gespräche
aufgehalten. Die Reden, welche die fünf Hauptpersonen: der
Zar, Menzikoff, Natalie, Kathinka, Gluck, zu halten haben — auf
188 nicht eben kleinen Seiten —, dürften die Lunge und die
Gedächtnißkraft der ausdauerndsten Schauspieler ermüden. Alle
nur erdenklichen Phrasen von Aufklärung, Menschlichkeit, Edelmuth werden vorgebracht. Man höre nur ein Regierungspro-
gramm wie das folgende: „Ja, wenn dem Fürsten, der aus redlichem Herzen Gutes will, immer sogleich die ächten, einzig wirk-

samen Mittel zu Geboth stünden: Dann wäre es freilich leicht —
wäre oft nur ein angenehmer, durch sein eigenes Vergnügen hin-
länglich sich belohnender Zeitvertreib, Menschen zu regieren! Aber
die vielen Hindernisse, die einem im Wege sind; die einen oft
sogar von jenen, die man aus redlichem Zutrauen zu Gehülfen
seiner Arbeit ausersehen hat, in den Weg gelegt werden: Diese
machen dem guten Fürsten traurige Stunden, bittere, schlaflose
Nächte. Wenn ich oft meine schönsten Pläne durch meine eigenen
Beamten zwecklos gemacht; die besten Anstalten verunedelt, ver-
hunzt, und so sehr von niedrigen Privatabsichten verdreht sehe,
daß sie dem Volke, für dessen Wohl sie bestimmt sind, so gar
noch verderblich werden müssen: o da möchte ich aus Verdruß
und Unmuth wahnsinnig werden!"

ober: „Größeres sah noch kein menschliches Auge; Erhabeneres
ersann noch keine menschliche Weißheit; so nahe hat noch nichts
den Menschen die Allgüte seines Schöpfers gebracht, als die größte
göttliche Menschlichkeit des Fürsten, der ohne Leidenschaft belohnt,
ohne Groll im Herzen straft; der die größte Wollust seines
Lebens darinn sucht, dem Jammer die Thräne vom Auge zu
trocknen, und eine Welt von glücklichen Menschen um sich zu
schaffen!"

Wie in den vorstehenden Proben ist in dem Drama Alles
geschraubt: der Ausdruck der Freundschaft, der Kindesliebe, der
Tyrannenwildheit. Von einem Diener des Zaren, der nicht selbst
auftritt, sondern dessen Schicksale nur erzählt werden, heißt es,
„er hat den deutschen Unfug, nicht zu schweigen." Man könnte
dies Wort als Characteristik aller Personen, die in dem Stücke
vorkommen, gelten lassen.

Es würde sich nicht gelohnt haben, bei einem so herzlich unbedeutenden Stücke so ausführlich zu verweilen, wenn diese Besprechung nicht auch zu einer allgemeineren Betrachtung diente.
Das Stück ist, wie erwähnt, in Weimar und seinen Filialbühnen
unter Goethes Leitung innerhalb fünfzehn Jahren dreiundzwanzig
Mal aufgeführt worden. In derselben Zeit wurde „Hamlet",
freilich nach Eschenburg-Schröder, zwanzig, „Othello" sechs,
„Romeo und Julia" in Goethes Bearbeitung neun, von den

Jacob Gerwitz Cuyp
Kindskopf unter Lebensgröße.

Königsdramen nur Heinrich IV., und zwar der erste Theil fünf, der zweite Theil zweimal, „Jphigenie" von Goethe achtzehn, „Göz von Berlichingen" fünfzehnmal, „Tasso" und „Faust" gar nicht gegeben. Wenn auch einzelne Stücke Schillers häufig auf die Bühne kamen, so hat kaum ein klassisches Stück die Aufführungsziffer des „Mädchens von Marienburg" erreicht. Es wäre eine recht dankbare, freilich auch schwierige Aufgabe, zum Theil nach solchem statistischen Material, ferner nach der Zahl und Höhe der Auflagen und Nachdrucke eine Geschichte des Geschmackes des damaligen Publikums zu entwerfen. Die vorstehende Analyse der drei Stücke, die Goethe theils schon vorher in sein Repertoire aufgenommen hatte, theils nach dem Frankfurter Aufenthalt dem Spielplan einverleibte, ist deswegen so ungemein lehrreich, weil sie ungefähr das geistige Niveau erkennen läßt, auf dem zu Goethes Zeiten und in seiner Umgebung das Publikum stand. In welche Bedrängnisse mußte der Theaterleiter gerathen, der auf volle Häuser zu sehen hatte. Wie allmählich mußte die Erziehung einer solchen Menge gefördert werden! Es ist erstaunlich genug, daß Goethe bei den hohen Anforderungen, die er an sich und die Bühne stellte, zu einer so weitgehenden Duldung des Mittelmäßigen, zu einer derartigen Beförderung des Schlechten sich herabließ!

Außer mit dem Theater beschäftigte sich Goethe mit der bildenden Kunst. Schon jenes führte ihn dieser zu. Mehrfach ergriff er die Gelegenheit, den Dekorationsmaler G. Fuentes zu rühmen. Fuentes, Georg (vgl. Gwinner, Kunst und Künstler in Frankfurt a. M. 1863 S. 336 fg.) geb. 1756 in Mailand gest. das. 1821, lebte 1796—1805 als Theatermaler in Frankfurt. Sein Lehrer war Gonzaga, sein Vorbild Galliani. Seine Theaterdekorationen sind z. Th. durch Rabl in Nachbildungen (Farbendruck) erhalten. (Mehrere davon im Städelschen Institut.) Sein größter Triumph war eine Darstellung der Zeil. „Als sie," schreibt A. Kirchner, „zum ersten mal vorgestellt wurde, wollten die Zuschauer nur sehen, nicht hören. Man nannte seinen Namen und

vergaß Bühne und Schauspiel. Aber der blöde, anspruchslose
Mann ließ die Menge umsonst rufen und blieb verlegen hinter
seiner Leinwand." Leider bin ich aber nicht in der Lage, das
gerühmte Bild nachzuweisen; meine vielfältigen Erkundigungen
ergaben nur ein negatives Resultat. Nach dem Wortlaut der
eben angeführten Stelle kann nur ein Dekorationsbild gemeint
sein; irgend ein Lokalstück aber, in welchem die Zeit hätte vorkommen können, ist nicht nachzuweisen. Eine solche Dekoration
wäre gewiß der vornehmste Schmuck einer Frankfurter Festschrift
gewesen; da sie nicht geboten werden kann, so mag als Ersatz
für sie eine Nachbildung der vielgerühmten Palmira-Dekoration
gelten.

Nicht blos von Kunst und Künstlern, die dem Theater
dienten, handelte Goethe. Er sprach von einem Sammler Staebel
und seinen Schätzen, und einem Künstler, Nothnagel, der zugleich
eine kleine Sammlung besaß.

Ein Abriß des Frankfurter Kunstlebens in jenen Wochen,
da Goethe in Frankfurt sich aufhielt, soll hier nicht gegeben
werden. Von den während seiner Kindheit und Jugendzeit zu
Frankfurt thätigen Künstlern und erfolgreichen Sammlern hat
Goethe selbst berichtet (Dichtung und Wahrheit) und von Loeper
hat in seinen gelehrten Anmerkungen zu jenem autobiographischen
Werke viel gelehrtes Material aufgeführt. Neuerdings hat M.
Schubart in seinem Buche über Thorane (München 1896) diesen
Commentar durch eine unterrichtende Darstellung erweitert, wenn
nicht ersetzt. Noch einmal, fast noch ausführlicher, sprach Goethe
1816 in dem Hefte: „Kunst und Alterthum in den Rhein- und
Maingegenden" von Frankfurter Sammlern und ihren aufgespeicher-
ten Kunstschätzen, von Frankfurter Künstlern und deren Werken.

In dieser Abhandlung, die an vielen einzelnen Stellen, besonders aber am Schluß, einen sehr warmen Ton anschlägt, der
sonst der Vaterstadt gegenüber nicht häufig erklingt, gedachte
Goethe auch der Staebelschen Sammlung, die den Grundstock des
jetzigen Staebelschen Instituts ausmacht. Damals lebte noch der
Begründer und Stifter, Joh. Friedr. Staebel, geb. 1. Nov. 1728,
gest. b. 2. Dez. 1816, und hatte, nicht lange vor Goethes Besuch

.

Hoffmann
Frauenportrait.

5. März 1815, seine Sammlungen und sein Vermögen der Stadt
vermacht. „Der Dekan aller hier lebenden ächten Kunstfreunde",
so hatte Goethe ihn damals charakterisirt „Herr Staedel, genießt
in seinem hohen Alter noch immer der lebenslänglich mit Einsicht
und Beharrlichkeit gesammelten Kunstschätze in dem wohlgelegensten
Hause. Mehrere Zimmer sind mit ausgesuchten Gemälden aller
Schulen geschmückt, in vielen Schränken sind Handzeichnungen und
Kupferstiche aufbewahrt, deren unübersehbare Anzahl, sowie ihr
unschätzbarer Werth, den öfters wiederkehrenden Kunstfreund in
Erstaunen setzt."

Diese Sammlung zu betrachten nahm Goethe auch 1797
Gelegenheit. (Vgl. Tgb. 16. u. 18. Aug., oben S. 42 fg.)
Während aber weder im Tagebuch noch in den Briefen, noch in
der gedruckten Darstellung auf diese Sammlungen näher einge-
gangen wird, zeigt sich der Eindruck, den Goethe davon empfing,
in einem Aufsatz, der erst vor Kurzem gedruckt wurde. (Weim. Ausg.
Bd. 47, Weimar 1896 S. 348 fg. Handschr. in den Reisealten.)
Er entstand unmittelbar nach den obenerwähnten Besuchen der
Staedel'schen Sammlung (19. Aug.). Er führt die Ueberschrift:
„Zur Erinnerung des Staedel'schen Kabinets" und behandelt eine
Anzahl (im Ganzen 8) dort gesehener Gemälde.

Herr Prof. Weizsäcker, der Direktor des Instituts, der mir bei
meinem Besuche seine belehrende Führung angedeihen ließ, unterrichtete
mich auch später noch schriftlich über das Schicksal dieser Bilder.

Nach diesen Mittheilungen sei folgende Zusammenstellung
gegeben, in der das gesperrt Gedruckte Goethes Bezeichnung, das
Uebrige Herrn Weizsäckers Worte sind:

„1. **Rubens**, „**Christus u. d. Gichtbrüchige**," versteigert 1834.
2. **Rubens**, „**Kindskopf unter Lebensgröße**," jetzt Cat.-
No. 308 (Jacob Gerritß Cuyp).
3. **Hoffmann**, Frauenportrait, jetzt Cat. 339. Ein Zettel
auf der Rückseite trägt den Namen „Peter Samuel D'orville".
(Dieser Peter Samuel b'Orville ist 1695 geboren; das
Bild ist also wahrscheinlich in seinem Besitz gewesen. Damit
ist allerdings noch nicht erwiesen, daß das Bild eine
Verwandte oder gar eine Frankfurterin darstellt.)

4. **Paul Veronese, Auferweckung Lazari,** versteigert
1834.

5. **Correggios „Zingarella"** (Zingara, Madonna mit dem
Kind), verkauft 1870 in der Versteigerung Jügel-Speltz.

6. **Kalff, Gold- und Silberne Gefäße,** jetzt Catalog 333.

7. **Poussin, Landschaft,** identisch mit der jetzigen Catalog-
No. 157, eine kleine Landschaft, die mit besserem Rechte
François Millet zugeschrieben wird.

8. **Murillo, Zwei Bettellnaben,** 1840 an den Kunsthändler
Filippo Benucci abgegeben.

Bei den verkauften Stücken handelt es sich vermuthlich um
minderwerthige Objecte, von denen noch eine größere Anzahl im
Laufe der Jahre aus der ursprünglichen Staedel'schen Sammlung
ausgeschieden worden ist."

Man erkennt aus dieser Darlegung Folgendes: Von den 8
durch Goethe geschilderten Bildern sind 4 absichtlich entfernt, weil sie
den späteren kritisch mehr geschulten Beobachtern nicht als
echt erschienen oder jedenfalls nicht die Lobpreisung verdienten,
die ihnen von dem Besitzer und wie von anderen kunstliebenden
Freunden, so auch von Goethe, zu Theil wurde. Von den übrigen 4 sind zwei seitdem anderen Meistern zugeschrieben worden
und nur zwei haben ihre alte Bezeichnung behalten. Von den
beiden letzteren ist unserer Veröffentlichung eine Reproduction
beigegeben, um dem Leser ein eigenes Urtheil zu ermöglichen.
Um ihm auch die Möglichkeit zu gewähren, Goethes Worte zu
prüfen, seien diese aus der Weimarer Ausgabe wiederholt.

1. Frauen-Portrait von Hofmann.

Eine große schwarz gekleidete Frau mit bläßlichem Gesichte,
so semiotisch als characteristisch gemahlt, es ist eine von denen
länglichen Bildungen, die mit der niederländischen Gemeinde
nach Frankfurt gekommen zu seyn scheinen. Das Bild ist von
einer großen sanften Wahrheit und Ausführung.

2. Gold und silberne Gefäße von Calf.

Die Meisterschaft dieses Mannes in diesem Theile der Kunst
zeigt sich hier in ihrem höchsten Lichte. Man muß dieses Bild

Kalff
Gold- und Silberne Gefäße.

sehen um zu begreifen, in welchem Sinnen die Kunst über die Natur sey und was der Geist des Menschen den Gegenständen leiht, wenn er sie mit schöpferischen Augen betrachtet. Bey mir wenigstens ist es keine Frage, wenn ich die goldnen Gefäße oder das Bild zu wählen hätte, daß ich das Bild wählen würde.

Als drittes schließt sich in einer Reprobuction das angebliche Rubens'sche Kinderbild an, das, wenn es auch dem großen Meister abgesprochen wird, durch seine Technik Beachtung verdient. Goethe sagt darüber Folgendes:

3. Ein Kindskopf unter Lebensgröße.

Mit rothgefüttertem Strohhut, einem rothen Kleidchen, Spitzen-kragen, an einer goldnen Kette eine kleine Taube mit Brillanten besetzt. Wahrscheinlich ein Kind aus hoher Familie, das früh den Heiligengeist-Orden hatte und zum geistlichen Stande be-stimmt war Unglaublich schön und natürlich gemahlt ohne Manier, des größten Meisters würdig so rein, ruhig und in einem höhern Sinne geschmackvoll für Rubens, nur die Gesichtsform deutet auf eine Natur bießeits der Alpen.

Zu den Künstlern und Kunstfreunden, die Goethe besuchte, ohne daß er sie nennt, gehört Henrich Sebastian Hüsgen (Nov. 1745—8. Aug. 1802). Dem Vater, dem Juristen und Brandenburg-Anspachischen Hofrath Wilh. Friedr. Hülsgen, hat Goethe eine bekannte, überaus characteristische, nicht durchaus schmeichelhafte Schilderung gewidmet, von dem Sohne brauchte er an derselben Stelle (Dichtung und Wahrh. 4. Buch gegen Ende) die, freilich nur für die Jugendzeit geltenden Worte: „Gutmüthig aber täppisch, nicht roh, aber doch gradezu und ohne besondere Neigung sich zu unterrichten". Schreiben lernte er mit Goethe zusammen; sonst war seine Bildung eine regellose. Er sollte Kaufmann werden, hatte aber keine Lust dazu, machte Reisen und hing von früh an seiner Neigung zu Kunst und Kunstgeschichte nach. Diese bethätigte er durch eine Reihe von Schriften 1776—1802, von denen seine „Nachrichten von Frankfurter Künstlern und Kunstfachen" 1780, 2. Aufl., ein Hauptquellenwerk geworden sind. Er war auch Kunstverleger und Kunsthändler. Ein regelmäßiger brieflicher Verkehr zwischen den Jugendfreunden existirte nicht.

Von Episteln H ü s g e n s an Goethe ist nur ein Zeugniß übrig geblieben, nämlich ein Brief des Ersteren an den Letzteren vom 8. Jänner 1796. (Ich verdanke die Kenntniß dieses Briefes der Direction des Goethe-Schiller-Archivs in Weimar und statte für die mir gewährte Benutzung meinen besten Dank ab.) In diesem Briefe äußerte sich Hüsgen über sein Manuscript „Der Menschenspiegel", das durch Herder in den Besitz Goethes gelangt war. Er bezeichnet es als ein sonderbares Geistesproduct, „das aber eben deswegen den Probier-Stein großer literarischer Kenner erst passiren muß, ehe ich es mit Ehren im Volckshaufen erscheinen lassen kan". Er wollte es trotz des Drängens des Verlegers erst erscheinen lassen, wenn er das Urtheil großer Kenner erhalten habe, bat indessen nichtsbestoweniger um Rücksendung des Manuscripts, wenn Goethe zur Durchsicht keine Zeit hätte.

In Goethes Bibliothek befindet sich sodann, wie ich aus einer freundlichen Mittheilung Rulands weiß, von Hüsgens Schriften „Das Magazin" 1790 und der „Getreue Wegweiser" 1802. Beides sind gewöhnliche Exemplare ohne Einzeichnung oder handschriftliche Widmung.

Von dem persönlichen Verkehr mit Goethe berichtete Hüsgen seinem Freunde J. v. Gerning in folgendem Briefe 15. Aug. 1797, der, obwohl schon 1862 von Gwinner gedruckt (S. 538), bisher unbeachtet geblieben zu sein scheint. Er muß hier mitgetheilt werden als einziges Zeugniß eines Andern über Goethes Frankfurter Aufenthalt:

„Letzt abgewichenen Freitag Morgen (also d. 11.) erschien ganz unerwartet ein Fremder in meinem Zimmer, den ich vor seinem wohlgemästeten Bauch nicht erkannte, bis ihn seine Stimme bei der Frage verrieth: Kennen Sie denn Ihren alten Freund nicht mehr? und siehe da, es war Goethe in eigener hoher Person und ungeachtet er eine geraume Zeit bei mir blieb, so bliebe er doch erbärmlich steif und zurückhaltend. Das Einzige, was er mir durch seine Zunge mittheilte, war, daß er gesonnen sei, in die Schweiz

JOHANN ANDREAS BENJAMIN

NOTHNAGEL

zu reisen. Als ich ihn am andern Tag besuchte, war er red-
sprächiger und gefühlvoller. — Was halten Sie aber von dem
sonderbaren Verfahren Goethens, der vor seiner Abreise etwas that,
was er in seinem ganzen 48jährigen Leben nicht gethan hat,
nämlich alte Briefe durch Feuer zu vernichten, darunter ihn diejenigen des Selbsttödters Merk wegen ihres Geistesinhalts zwei
Tage Ueberwindung kosteten."

Gerade die letzte Nachricht — es handelt sich um die gewiß
sehr bedeutenden Briefe des Darmstädters Merck, der in Goethes
Jugendentwicklung besonders 1771—75 eine so wichtige Rolle
spielt — war bisher unbeachtet. Von dem großen Autodafé,
das Goethe vor Antritt seiner Reise veranstaltete, berichtete er selbst,
freilich ohne Hinzufügung näherer Umstände. (Annalen z. J. 1797.)

Unter den von Goethe genannten Kunstfreunden, die er besuchte, ist auch ein Künstler. Ueber ihn heißt es bei Hüßgen I,
326 ff. und fast wörtlich gleichlautend bei Faber I, 426 ff., nur
daß bei letzterem ein paar Sprachfehler verbessert sind und einiges
gekürzt wird:

„Johann Andreas Benjamin Rothnagel, im
März 1729 zu Buch am Forst im Sachsen-Coburgischen geboren.
Im Jahre 1747 kam er hierher, und malte so lange bei Lenzler,
bis er nach dessen Tode 1751 seine Wittwe geheyrathet und sich
häuslich hier niedergelassen hat, wobey er zu Anfang des Jahres
1780 bürgerlicher Oberofficier im vierten Quartier wurde. Durch
natürliche Gaben und eigene gute Einsichten geleitet, errichtete er
hier eine weitläuftige Fabrik von allen Gattungen sein gemalter
Tapeten und Wachstücher, der er noch in der Folge eine Fabrik
von papiernen Tapeten und dergleichen auf Leinwand zugesellte,
darinnen er bisher alle nur möglich zu machenden Abwechse-
lungen des Geschmacks, sowohl in Desseins als Farben mit so
grossem Beyfall geliefert hat, daß er nicht allein durch ganz
Deutschland vieles davon verschickt, sondern auch in die übrigen
europäischen Reiche, ja bis nach Cadiz hin, Geschäfte damit macht.
An Güte und Schönheit thut er es darinnen den besten Englischen
Fabriken gleich. Man muß es ihm zum Ruhme nachsagen, er
rafinirt auf alles, er scheuet keine Kosten, und läßt sich zum

Schwung seiner Anlagen keine Mühe weder früh noch spät ver-
drießen. Er ernähret damit wohl fünfzig Menschen, und verschafft unserm Frankfurt dadurch nicht wenig Nutzen. Unter
seinen Malergesellen trifft man Leute an, die ihres Pinsels Arbeiten neben derjenigen der guten Meister mit allem Recht auf-
stellen könnten. . . . Er mahlt selbsten fleißige kleine Kabinet-
stücke im Tenierischen Geschmack, die er mit sehr sinnreichen Ab-
wechselungen anzulegen weiß, und von allen Kennern mit Beyfall
aufgenommen sind. Diejenigen seiner eigenen Kunstarbeiten aber,
womit er sich am meisten bekannt gemacht hat, sind seine geätzte Blätter
(von denen H. ein Verzeichniß gibt, im Ganzen 60). Sie gehen schon
in allen holländischen Auctions-Katalogis herum, und in den dortigen
Gegenden schätzt man diesen Meister für einen glücklichen Nachahmer
Rembrands, besonders in einzelne Kupfer und Bruchstücken."

Goethe kannte den genannten Künstler seit seiner Kindheit.
In „Dichtung und Wahrheit" schilderte er ihn und seine Fabrik
(4. Buch, Hempel 20, 144 fg.), erzählte die persönlichen Beziehungen zu ihm, und daß er in seinem Zimmer Oelmalerei getrieben hätte (Nov. 1774, 13. Buch, Hempel 22, 110. 359, nicht
349, wie es im Register heißt). Der Kupferstecher, dessen Werke
Goethe bei Rothnagel sah (Tgb. 11. Aug.), ist Jean Jacques de
Boissieu 1736—1810, meist in seiner Vaterstadt Lyon thätig.
„Er stach besonders nach Gemälden von Ruisdael, Dujardin, van
de Velde und nach eigenen Zeichnungen in Tusche und Kreide". —
Welcher der drei Mitglieder der Familie Carracci: Ludovico, oder
seine Neffen: Agostino und Annibale (oben S. 41, Z. 5 v. u.)
gemeint ist, vermag ich nicht nachzuweisen. —

In demselben Buche, das Goethe, wie aus dem Tagebuch
ersichtlich ist, fleißig durchnahm, in dem er die vorstehende
Schilderung fand, konnte er auch eine Stelle über sich selbst finden.
Und zwar nicht über seine dichterische, sondern über seine künstlerische Thätigkeit. Da diese Stelle (I, 421) bisher nicht hervorgehoben worden ist, Goethefreunden also nicht bekannt zu sein
scheint, so möge sie hier folgen:

„J o h a n n W o l f g a n g v o n G o e t h e. Wer Goethe ist,
braucht wohl der deutschen gelehrten und ungelehrten Welt, ja

auch den fremden Nationen nicht gesagt zu werden; seine Schriften
sind bekannt genug; allein dieser grosse Mann verdient auch eine
Stelle unter der Rubrik der Künstler, wenn er es auch selbst
widersprechen wollte. Er ward hier zu Frankfurt im Jahre 1749
gebohren, hier erzogen, von Jugend auf ein Freund der Künste,
der gezeichnet, zuletzt mit schwarzer Kreide auf blau Papier schön
gezeichnet und meistens in Portraiten gut getroffen hat. Bekanntlich hat er schon in Leipzig zwo Landschaften geätzt, die ihm als
einem jungen Liebhaber Ehre machten; desgleichen hat er hier
eine Landschaft mit einem alten Thore und einer verfallenen
Stadtmauer, und in Weimar eine Scheuer mit lustigen Bauern-
auftritten auf nemliche Art verfertigt."

Freilich ist auch diese Stelle, wie fast alles über Kunstdinge Han-
delnde, nichts als ein dreistes Plagiat aus Hüsgen, allerdings stark
gekürzt. Daher mag Hüsgens Mittheilung hier unverkürzt folgen.

Der Artikel „Goethe" (S. 437—440) steht dort zwischen dem
über Jos. Georg Pforr und G. Jos. Cöntgen; jener 1745 geboren, dieser nach Goethe gesetzt, da er vor seiner 1751 geborenen,
ihm unmittelbar folgenden Ehefrau stehen mußte.

„Johann Wolfgang von Goethe. Wer Herr Geheimde
Rath von Goethe ist, dieß brauche ich wohl der Welt, der Teutschen
gelehrten und ungelehrten Welt nicht zu sagen: seine Handlungen
und Schriften sind bekannt genug, ich käme zu späth, wenn ich der
Welt erst viel davon vorplaudern wollte. Ein jedes an seinen
Ort; der große Mann nehme seinen Antheil an ihm, ich nehme
hingegen den meinigen; Hr. von Goethe gehöret mit in dieses
Werk, würde er es auch selbsten widersprechen. Zu Frankfurt
1749 gebohren, zu Frankfurt erzogen, im goldenen Alter mein
Busen-Freund, war von Jugend auf ein Verehrer der Künste,
der gezeichnet, endlich mit schwarzer Kreide auf blau Papier schön
gezeichnet, und meistens in Portraiten gut getroffen hat. Bekanntlich hat er schon bey seinem Studien-Aufenthalt in Leipzig
zwey Landschaften geätzt, die ihm als einem jungen Liebhaber Ehre
machten, wovon eine dem Doct. Herrmann, die andere seinem abge-
lebten Hr. Vater zugeeignet ist: Desgleichen hat er hier eine Landschaft
mit einem alten Thor und einer verfallenen Stadt-Mauer, in Weymar

eine Scheuer mit luftigen Bauern-Auftritten, und eine Menge anderer
Kunstgegenständen verfertiget, so wie dieses von seinen nimmer
müßigen Händen zu erwarten stehet, und worinnen sich sein ange-
bohrenes Genie eben so groß zeigt, als in seinen geschriebenen
Geistes-Produkten, deren Inhalt die stärkste Wirkung sogar auf die
Kunst hatten: Man nehme nur seine in vier Sprachen übersetzte
Leiden des jungen Werthers, wie viele leidenschaftliche Kupferstiche sind darnach gestochen worden, wie durch sinnliche Vor-
stellungen, den weniger gefühlvollen zu rühren, der bleyern genung
ist, von seiner Feder minder hingerissen zu seyn.

„Im Herbst 1786 thate Hr. von Goehte eine gelehrte Wall-
fahrt nach Rom, um dorten einige Zeit zu bleiben, von woher
man Briefe mit vieler Wärme über die Kunst von ihm erhalten
hat: Er wohnte daselbsten unter seinen Landsleuten auf dem
Spanischen Platz, und war deren Rathgeber, Freund und Führer
im grosen Labyrinth der Kunst, er zeichnete öfters in ihrer Gesellschaft, ja poußirte sogar aus freyer Hand; Die grosen Gegenstände der Stadt Rom, fesselten überhaupt sein scharfes Aug,
denn hier war der Ort, wo er verhältnißmäßigen Stoff zur
Unterhaltung fande. Er besah auch Neapel und traf dort einen
jungen teutschen Künstler von Namens Kniep, dem er Mäcen
wurde, und ihn mit nach Sicilien nahm: Die merkwürdigen Ge-
fülle dieser romanenhaften Insel hielten ihn länger auf, als seine
Verehrer in Rom wünschten Verzicht auf ihn zu thun und einen
solchen Musen-Freund auffer den Mauern ihres Aufenthalts zu
wissen, deren Stolz er sich jedoch im Merz 1788 wieder entzog, und
im Juny in Weymar zur allgemeinen Freude zurückgelangt ist.
Der Magnet der Italiänischen Kunstschätze hat ihn jedoch zum
zweytenmal gezogen, und er ergrief mit Vergnügen die Gelegenheit der Herzogin Mutter auf ihrer Rückkehr biß Venedig
entgegen zu reisen, wo er sich in deren Suite einige Monate
aufhielte, und dorten Sammlungen ähnlicher Art als wie in Rom
gemacht haben wird. Welche schöne Früchte hat sich nunmehro
einst Teutschland von diesen merkwürdigen Reisen zu erwarten,
da uns der römische Carneval, den die Welt mit so vielem Beyfall
aufnahm, schon einen so angenehmen Vorschmack davon giebt.“

Man sieht aus vielen Angaben dieses Artikels, wie trefflich Hüsgen unterrichtet war. Die Vorrede seines Buches ist Sept. 1790 datirt; der betreffende Abschnitt am Anfang des Sommers gedruckt und doch gibt er schon Kunde von der zweiten italienischen Reise, die erst Mitte März 1790 angetreten wurde. Die Notizen über die erste italienische Reise stützen sich auf die Veröffentlichungen aus Goethes Tagebuch, die im Teutschen Merkur, Okt., Nov. 1788, Febr., März, Juli, Oktob. 1789 gemacht waren, und auf den Römischen Carneval, der, nachdem er separat Febr. 1789 gedruckt worden, im Journal des Luxus und der Moden, Jan. 1790 wiederholt war. Die Notizen über Kniep u. A. bekunden, daß Hüsgen wohl in direkter Beziehung zu römischen Künstlern stand.

Die in Hüsgens Stelle, daraus auch bei Faber, erwähnten Aetzungen sind theilweise bekannt. Die Leipziger unter Stocks Leitung nach Thiele ausgeführt — die eine dem Vater, die andere dem Assessor Herrmann gewidmet —, befinden sich im Goethe-National-Museum und kommen auch sonst vor. (Bielschowsky I, 69, 497). Sie sind neuerdings durch G. Wustmann in Ztschr. f. bild. Kunst, N. F. Bd. 4 reproducirt worden. Für die Frankfurter Landschaft mag daran erinnert werden (vgl. Rulands Einleitung zum 10. Bande der Schriften der Goethe-Gesellschaft, Weimar 1895 und daf. Tafel 2), daß Goethe in und um Frankfurt, sowie in Thüringen, z. B. die dort wiedergegebene Leonhardskirche und Sachsenhäusener Warte zeichnete. Aber diese Frankfurter ist ebensowenig wie die Thüringer Radirung bekannt. (Vgl. Kötzschaus Ausführungen in der Ztschr. f. bild. Kunst. N. F. Bd. 10, S. 200 ff., dessen Darlegungen mit zukamen, als der größte Theil meines Büchleins abgeschlossen war. Ihm waren die hier benutzten Stellen aus Hüsgen bekannt.)

Uebrigens soll nicht unerwähnt bleiben, daß bei Hüsgen S. 624 Folgendes verzeichnet ist:

„Bey Frau Rath Göthe, auf dem großen Hirschgraben:

a) Ein Zimmer voll Gemälde,

b) Eine Bibliothek von Handzeichnungen;"

leider wird weder über Gemälde noch über Zeichnungen etwas Näheres angegeben.

Das Interesse Goethes an der bildenden Kunst trat überhaupt während seines Frankfurter Aufenthaltes lebhaft hervor.
Es zeigte sich einerseits im Hinweis auf Frankfurter Baukunst;
andererseits in Beschreibung kleiner Kunstblätter, die Goethe zufällig bei seinem Aufenthalt in seiner Vaterstadt in die Hand
kamen und die sich auf Zeitereignisse bezogen; endlich in theoretischen Betrachtungen, in denen man einen Nachhall der Unterhaltungen mit Schiller und eine Vorbereitung auf die gemeinsam
mit H Meyer geplanten Veröffentlichungen und Untersuchungen
sehen kann.

Am kürzesten läßt sich über die Bemerkungen ersterer Art
hinweggehen, weil sie in dem gedruckten Reisebericht vorlagen.
Hempel 26, S. 42—46. (Auf Einzelnes ist schon oben hingewiesen,
S. 53 fg.) Diese Bemerkungen enthalten kurze Würdigungen des
Schweizerischen Hauses, der Hauptkirche und bedauern bei der
lutherischen, daß sie mitten im Markt und Menschengewühl steht.
Sie empfehlen hölzerne Häuser, nur den ersten Stock von Steinen
gebaut. Sie beklagen die Uneinigkeit zwischen dem Rath einer-,
den Zünften und Stiftungen andererseits, welche die Vollendung
mancher öffentlichen Bauten gehindert habe.

Die kleinen Kunstblätter, welche Goethe beschrieb, sind französische satirische Kupferstiche. Daß Goethe sich damit beschäftigte,
geht aus dem Tgb. 23. Aug. (oben S. 43 Z. 5) wie aus einer
kurzen Notiz der „Annalen" hervor; die Briefe gedenken ihrer
unterm 24. Aug. S. 35. Gedruckt sind die Betrachtungen erst
kürzlich. (1896 W. A. 47, S. 350—361.)

Welche Bedeutung diese kleinen Kunstblätter, die satirischen
Kupferstiche, die Karikaturen zur Zeit der französischen Revolution, hatten, ist bekannt. (Vgl. Champfleury, Histoire de
la caricature sous la révolution, l'empire et la restau-
ration. Paris 1874.) In Deutschland mag Goethe einer der
Ersten gewesen sein, der auf diese zeitgenössischen Blätter hinwies. Jedenfalls ist er nicht erst durch die Weimarer Zeitschrift „London und Paris", in der Karikaturen und satirische
Blätter aus beiden Hauptstädten eine große Rolle spielen, beein-
flußt worden, denn „Plan und Ankündigung" dieser Zeitschrift

im 1. Heft tragen das Datum 31. Mai 1798; eher könnten seine
Andeutungen den rührigen Bertuch und dessen stets hülfreichen
Genossen Böttiger zur Schaffung eines neuen Unternehmens angeregt haben. Goethes Abhandlung unterscheidet zwei Arten solcher
Satiren: gegen Fremde und gegen Einheimische. Von Fremden
werden: England, der Papst, Oesterreich; von Einheimischen: die
ehemalige Schreckensherrschaft, die Modefratzen einzeln, in galanten
Verhältnissen, im Gegensatz zur früheren Zeit u. s. w. den Kunstfreunden vorgeführt. Nicht weniger als 57 Blätter werden erwähnt. Ihre Titel werden kurz angegeben, eine Beschreibung des
dargestellten Gegenstandes geboten — nur einmal heißt es: „ein
mir unverständliches Blatt"—, meist mit einigen Worten der Kritik,
über Zeichnung, Stich, Ausführung. wobei das Lob den Tadel bei
Weitem überwiegt. Für die öffentlichen Dirnen, die in einer Abtheilung dieser Blätter vielfach vorkommen, braucht Goethe den Ausdruck: „Töchter der Natur". Viele Beschreibungen sind trotz ihrer
Kürze so anschaulich, daß sie auch ohne Illustrationen oft einen
guten Begriff des Blattes geben.

Das lebhafte politische Interesse, das sich in den eben erwähnten Beschreibungen kundgibt, zeigt sich auch in kurzen In-
haltsangaben italienischer Zeitungen. (Es ist angedeutet oben S. 3,
gedruckt in der „Reise", Hempel 26, 3 ff., eine Ergänzung dazu
zuerst von O. Jahn mitgetheilt, jetzt auch Hempel 26, 172 ff.)
Diese Angaben sind ziemlich trocken, suchen aber den verschiedenen
Charakter der einzelnen Landschaften hervorzuheben, wie er sich
in den Zeitungen darstellt. Eine eigentliche Tendenz ist in ihnen
nicht erkennbar; man müßte denn in einzelnen Bemerkungen eine
gewisse Ironie gegen die revolutionären Bestrebungen überhaupt
und gegen die von den Bewohnern einzelner Landschaften, besonders den Bergamasken, beanspruchte Superiorität sehen wollen.

Die theoretischen Kunstbetrachtungen, von denen nach dieser
kurzen literarisch-politischen Abschweifung die Rede sein soll, waren
meist Vorbereitungen und Vorarbeiten für die in Gemeinschaft
mit dem Freunde Meyer geplante Zeitschrift „Propyläen". Ihr
galten auch Besprechungen mit dem Buchhändler J. F. Cotta,
den Goethe von Frankfurt aus besuchte, dem unternehmenden,

verständnißvollen Verleger, der sich seit einiger Zeit Schiller und durch ihn Goethe genähert hatte.

Nicht Alles, was von Aufsätzen und Betrachtungen damals geplant wurde, kam zur Ausführung, und Vieles von dem, was zur Ausführung gelangte, ging über den Gedankenkreis hinaus, in dem sich Goethe damals bewegte. Gerade der Frankfurter Zeit aber gehören, wie theils aus den Angaben des Tagebuches, theils aus den Daten der Reisealten klar ersichtlich ist, noch fernere drei Aufsätze über Kunst an: Ueber Wahrheit und Wahrscheinlichkeit der Kunstwerke, doch wohl derselbe, der im Tgb. als „Ueber das Natürliche in Kunstwerken" angeführt wird, Ueber Gegenstände der bildenden Kunst und Ueber Heinrich Füßli.

Der Dialog über Wahrheit und Wahrscheinlich- keit der Kunstwerke (zuerst gedruckt „Propyläen" 1. Bd., 1. Stck, allerdings ziemlich abweichend von der Handschrift, Frank- furt 17. August 1797, seit 1815 in den Werken, jetzt W. A. 47, S. 254—266) schließt sich aufs Engste an die in Frankfurt gesehenen Kunstwerke an und nimmt besondere Rücksicht auf die Dekorationen, von denen bereits die Rede war. Die Dekorationen werden am Anfang und am Ende des Gespräches erwähnt. Auch sonst kommt in dem Gespräch eine Reminiscenz an Frankfurter Bühnen-Erlebnisse vor. Wenn es nämlich heißt: „Wenn die guten Leute da droben singend sich begegnen, und bekomplimen- tiren, Billets absingen, die sie erhalten", so kann Goethe, nament- lich in dem Schlußpassus, eine Stelle aus dem Singspiel „Der Deserteur" vorgeschwebt haben, die, wie gezeigt worden (oben S. 97), bei dem französischen Kritiker des Stückes Anstoß erregt hatte. In dem Dialoge selbst handelt es sich um die Frage aller Kunst, die gerade in neuester Zeit so oft ventilirt worden ist, ob die Kunst, sowohl die theatralische als die bildende, das Wirkliche darzustellen, oder nur den Anschein des Wirklichen oder Wahren zu erwecken habe. Goethes Meinung wird offenbar von dem Anwalt des Künstlers vorgetragen, während der wirkliche oder eingebildete Gegner, der sich aber am Schlusse für besiegt erklärt, von dem Zuschauer repräsentirt wird. Goethes Meinung geht dahin: Der Künstler darf nicht danach streben, daß sein Kunstwerk als ein

Naturwerk erscheine. Der ungebildete Zuschauer kann wohl ein Kunstgebilde als natürlichen Gegenstand ansehen, ähnlich den Vögeln, die nach den Trauben des Zeuxis pickten, oder dem Affen, der die in einem naturgeschichtlichen Werke abgebildeten Kupfer, die dargestellten Nüsse, herausspeiste. Ein „vollkommenes Kunstwerk", das ist die Quintessenz der Goethischen Ausführung „Ein vollkommenes Kunstwerk ist ein Werk des menschlichen Geistes, und in diesem Sinne auch ein Werk der Natur. Aber indem die zerstreuten Gegenstände in eins gefaßt, und selbst die gemeinsten in ihrer Bedeutung und Würde aufgenommen werden, so ist es über die Natur. Es will durch einen Geist, der har- monisch entsprungen und gebildet ist, aufgefaßt sein, und dieser findet das Vortreffliche, das in sich Vollendete, auch seiner Natur gemäß. Davon hat der gemeine Liebhaber keinen Begriff, er behandelt ein Kunstwerk wie einen Gegenstand, den er auf dem Markte antrifft, aber der wahre Liebhaber sieht nicht nur die Wahrheit des Nachgeahmten, sondern auch die Vorzüge des Aus- gewählten, das Geistreiche der Zusammenstellung, das Ueberirdische der kleinen Kunstwelt, er fühlt, daß er sich zum Künstler erheben müsse, um das Werk zu genießen, er fühlt, daß er sich aus seinem zerstreuten Leben sammeln, mit dem Kunstwerke wohnen, es wiederholt anschauen, und sich selbst dadurch eine höhere Existenz geben müsse".

Ein fernerer Aufsatz entstand gleichfalls in Frankfurt: „Ueber die Gegenstände der bildenden Kunst". (Zuerst gedruckt G. Jb. Bd. 17, S. 16—19; dazu die Bemerkungen Harnacks a. a. O. S. 26—59, denen ich in Nachstehendem gefolgt bin, jetzt W. A. 47, S. 91—95, dazu ein Schema am letztern O. S. 293 fg.) Das Ganze ist ein Gegenstück zu Meyers gleichnamigem Aufsatz, der zuerst in den Propyläen I, 1, 20 ff., I, 2, 45 ff., stand, neugedruckt von Weizsäcker, Meyers Schriften, S. 3—45, vgl. dazu S. 55 ff., ferner Harnack, Klassische Aesthetik, S. 195 — 201.). Der Inhalt von Meyers Abhandlung ist im Wesentlichen nur die Ausführung einer Stelle in einem seiner Briefe an Goethe: „Je vollständiger sich eine Handlung durch den Sinn des Gesichts begreifen und fassen läßt, je besser paßt sie für die bildende Kunst." Goethe faßt die Sache tiefer. Während sein Freund die Gegenstände nach Kategorien eintheilt, unterschied er sie nicht äußerlich, sondern nach dem Stufengang ihrer künstlerischen Bedeutung und suchte sie sodann psychologisch zu ergründen. Harnack, dem diese Darlegung entnommen ist, hat ferner darauf hingewiesen, daß Goethe „das Gefühl", das er bei der Dichtung so hoch anschlägt, auch auf die bildende Kunst über- trägt, während er doch gerade in dem Aufsatz von der An- wendung der Poesie auf die bildende Kunst warnt und daher die sentimentalen, allegorischen, poetisirenden Bilder verwirft, besonders aber die Versuche — wobei er Carstens im Auge hatte —, die höchsten Abstractionen in sinnlichen Darstellungen zu verkörpern.

In einer dieser Gruppen war auch der Name Füßli er- wähnt. Bei den poetisirenden Arbeiten, wo ausgeführt wurde, „der Künstler solle nicht wie der Dichter, der bei seinen Arbeiten eigentlich die Einbildungskraft rege machen muß, bei sinnlicher Darstellung auch für die Einbildungskraft arbeiten," heißt es zum Schluß: „Die meisten Arbeiten von Heinrich Füßli sündigen an dieser Seite."

Daher darf es nicht Wunder nehmen, daß im unmittelbaren Anschluß an den eben besprochenen Aufsatz eine Skizze über Heinrich Füßli steht. (W. A. 47, 347.) Die Besprechung von Füßli war von vornherein von den Weimarer Kunstfreunden (W. K. F.) in Aussicht genommen. In dem Verzeichniß der in den „Propyläen zu bearbeitenden Gegenstände" steht er an der Spitze der „einzelnen Maler und sonstigen Künstler", von denen die Rede sein sollte. Der Plan wurde zwar in größerem Um- fange nicht ausgeführt; daß aber die Absicht fortdauerte, und daß der Aufsatz über Füßli im engsten Zusammenhang mit dem über Gegenstände der bildenden Kunst stehen sollte, geht aus dem Brief an Cotta, 27. Mai 1798 (W. A. Briefe, 13, S. 165) hervor. Dort wird nämlich nach Anführung der vorher gewürdigten Ar- beit, die hier als eine wichtige und fundamentale characterisirt wird, als Aufsatz der „Propyläen" genannt: „Ueber Heinrich Füßli's Arbeiten, bezüglich auf sein Gemählde in Zürich und die allgemein bekannten Kupferstiche nach ihm". Hier sollten also die im vorigen

Artikel aufgestellten Grundsätze auf die Arbeit eines einzelnen Künstlers angewendet werden. Das Bild, das hier angedeutet wird, ist gewiß die große „Beschwörung des Schweizerbundes durch die drei Eibgenossen“ im Sitzungssaale des großen Rathes in Zürich.

Der große versprochene Aufsatz wurde freilich nicht geliefert; wohl aber wurden später Füßli's Vorlesungen über Malerei (englisch erschienen 1801, in deutscher Uebersetzung 1803) von Meyer und Goethe in zwei verschiedenen Aufsätzen gewürdigt (Jenaer Allg. Lit. Z 1804, No. 32—34), von denen der Goethes (Hempelsche Ausgabe 29, 743—745) nicht kunsthistorisch ist, sondern nur die Ueber- setzung mit dem Original vergleicht.

Der Künstler, dem diese wiederholte Theilnahme galt, Hein- rich Füßli (A. D. B. 8, 260—262), geb. 1741, 'gest. 1825, ist uns als unmittelbarer Zeitgenosse Goethes und als Heimathsge- nosse Meyers merkwürdig genug. Er lebte seit 1763 mit größeren Unterbrechungen, von 1779 an dauernd, in London, wo er als Maler und Kunstschriftsteller einen hohen Rang einnahm. Er wurde Goethe jedenfalls früh durch Lavaters Erzählungen be- kannt, dessen Gefährte er in den Anklagen gegen Goebel ge- wesen war.

Man ersieht aus Goethes Briefen, daß er für den Menschen und Künstler großes Interesse hatte. (Für das Folgende vgl. die in den Indices der W. A. Br. 7 und 18 verzeichneten Stellen.) Auf den Menschen beziehen sich die Worte (25. März 1775) „hier, lieber Bruder, von Lavatern ein herrlicher Füßli-Brief. Was für eine Gluth und Inngrimm in dem Menschen ist“, wo doch gewiß „dem Menschen“ sich auf Füßli und nicht auf Lavater bezieht. Den Künstler wollte Goethe zu einer Skizze für die Weimarer Park-Monumente bewegen. Auf der Schweizer Reise 1779 lernte er viele seiner Arbeiten kennen, veranlaßte den Herzog, eines seiner Bilder zu kaufen und besaß selbst, wie aus Sorets Zeugniß hervorgeht (Biedermann, Gespräche, Bd. IV, S. 338), manche Handzeichnungen aus den Anfängen Füßli's. Später änderte sich freilich die Ansicht von dem Werthe des Künstlers. 1798 characterisirte er einzelne seiner Kupfer zu einem englischen Almanache als wahnsinnig, und 1799 bot er eine Sammlung

Zeichnungen, unter denen sich mehrere von und nach Füßli be-
fanden, Lerse zum Kaufe an.

Von Füßli enthält, wie mich Ruland freundlichst belehrt,
das Goethe-Museum ein Mäppchen mit 23 Zeichnungen, — eine
24te ist auf den Deckel aufgeklebt. Goethe hat sie im November 1779
aus der Schweiz, per fas et nefas, wie er sich ausdrückt, —
mitgebracht, und meint, Knebel und die Weimaraner werden über
sie erschrecken, (Corr. mit K. 30. Nov. 1779) — nicht ganz
mit Unrecht, es ist phantastisches Zeug. (Schuchardt's Katalog,
Bd. 1, No. 318 der deutschen Handzeichnungen.)

Die kurze, ihm gewidmete Arbeit, die uns hier zu beschäftigen
hat, bemängelt, daß seine Bilder zu sehr auf die Einbildungskraft wirken, während eine solche Wirkung von der Poesie ausgehen solle. „Bey Füesli's sind Poesie und Mahlerei immer im
Streit und sie lassen den Zuschauer niemals zum ruhigen Genuß
kommen; man schätzt ihn als Dichter, und als bildender Künstler
macht er den Zuschauer immer ungeduldig."

Die auf diesen Satz folgenden Stichworte lassen sehr bedauern, daß Goethe seinen Plan einer eingehenden Characteristik
nicht ausgeführt hat. Sie bringen die Vermuthung nahe, daß es
sich bei Goethes Plan um eine jener vergleichenden Studien
handelte, wie er sie auch für die Literatur empfahl, eine jener
Studien, in der die Beeinflussung des Einzelnen durch verschiedene
Länder und mannigfache Culturbewegungen zur Darstellung
kommen sollte.

Ueber der Kunst, deren Betrachtung Goethe sich eifrig hin-
gab, wurde die Literatur nicht vergessen. War in Kunstdingen
Heinrich Meyer, so war im Literarischen Schiller der Berather.
Bei diesen literarischen Betrachtungen handelt es sich um dreierlei:

Erstens um 2 jüngere Dichter, die Goethe in Frankfurt bekannt wurden, zweitens um Werke der beiden Dioskuren, die
im Briefwechsel eine Besprechung fanden, drittens um allgemeine
Fragen, die beide Dichter beschäftigten.

Zwei jüngere Schriftsteller nämlich wurden Goethe damals persönlich bekannt: Hölderlin und Schmid aus Friedberg. Können sie auch nicht als Frankfurter in Anspruch genommen werden, so dürfen sie nicht übergangen werden, der eine, weil er aus der Nähe der alten Reichsstadt stammt, der andere, weil er gerade damals in Frankfurt lebte.

Der unglückliche Dichter Fr. Hölderlin, der den größten Theil seines Lebens in unheilbarem Wahnsinn zubrachte, genoß damals seines Daseins Mai. Er war 1796 Hauslehrer im Hause des Herrn Jakob Friedrich Gontard geworden, der sich am 18. Juni 1786 mit der schönen Susanne (Susette) Borkenstein aus Hamburg vermählt hatte. In dieser außerordentlich schönen, jugendlichen, geistig angeregten Frau hatte er seine „Diotima" gefunden, die er in Gedichten besang und schwärmerisch verehrte. Gewiß war in dieser Verbindung, die für die Betheiligten tragisch endete, alles edel und rein, aber Hölderlin litt unter der heim-lichen Gluth eines solchen Verhältnisses und unter der Eifersucht des Gatten, die nicht lange darauf in roher Weise zum Ausbruch kam. Seine natürliche Schüchternheit wurde durch solch inneren Druck nur vermehrt, und so trat er Goethe gewiß recht linkisch entgegen.

Hölderlin hatte Goethe schon früher gesehen (vgl. Litzmann, Hölderlin, Berlin 1890, passim; Einzelnes daraus wiederholt bei Biedermann, Goethes Gespräche 9, S. 100 ff.). Zuerst freilich hatte er damit kein Glück. Der Jüngere traf den Aelteren An-fang November 1794 bei Schiller in Jena, verstand aber bei der Vorstellung den Namen des Fremden nicht und gab, als Goethe ihn während einer Entfernung Schillers anredete, nur einsilbige Antworten. Erst später erfuhr er, daß der Fremde, den er so wenig beachtet hatte, Goethe gewesen sei. Dann sah er diesen Ende 1794 oder Anfang 1795 in Weimar bei Frau von Kalb, nachdem er ihn in seinem Hause verfehlt hatte, muß ihn dann aber mehrmals gesehen haben und gab von seiner Persönlichkeit folgende Schilderung:

„Ruhig, viel Majestät im Blick und auch Liebe, äußerst einfach im Gespräche, das aber doch hie und da mit einem bittern

Hiebe auf die Thorheit um ihn und ebenso bitteren Zuge im Gesichte, und dann wieder von einem Funken seines, noch lange
nicht erloschenen Genies gewürzt wird — so fand ich ihn."

„Er unterhielt mich so sanft und freundlich, daß mir recht
eigentlich das Herz lachte und noch lacht, wenn ich daran denke."

Was Goethe in unseren Briefen (S. 34) von des jungen Dichters
Neigung zu den „mittleren Zeiten" spricht, ist sonst zwar nicht
ausdrücklich belegt, kann aber nicht ohne Weiteres zurückgewiesen
werden, um so weniger, als eine solche Hinneigung zum Mittel-
alter den Hölderlin nahestehenden Romantikern eigenthümlich war.
Der Rath, der gleichfalls nach unserem Briefe dem jungen Dichter
ertheilt wurde, kleine Gedichte zu machen und sich zu jedem einen menschlich interessanten Gegenstand zu wählen, wurde nicht von ihm befolgt.

Von einem inneren Verhältniß Beider, von einer Beeinflussung
des Jüngeren durch den Aelteren, kann kaum die Rede sein.
Wenn wirklich einzelne Stellen des „Hyperion", wie . A. von
Winterfeldt in seiner unbedeutenden Skizze (Bl. f. litt. Unterhaltung 1892, No. 29) behauptet, an „Werther" gemahnen, so
ist das im Grunde nur eine Beeinflussung, der sich kaum ein
Dichter jener Zeit entziehen konnte: Auch daß Hölderlin den
„Wilhelm Meister" bewunderte (Litzmann 253), will nicht viel
besagen. Man kann zugeben, daß Hölderlin in seinen späteren
einfachen Gedichten sich an Goethe anschloß, und doch wird Schillers
Wort wahr bleiben, das er bei der ersten Erwähnung Hölderlins
aussprach, „daß er nämlich in seinen Gedichten viel von seiner
eigenen sonstigen Gestalt finde."

Goethe selbst erwähnt in seinen biographischen Schriften den
jungen Dichter nicht, und dieser scheint gegen den Aelteren, ob-
gleich er ihm 1804 seinen „Oedipus" schicken wollte, eine stille
Abneigung gehegt zu haben. Vielleicht glaubte er, daß Jener auf
Schiller in einer für ihn ungünstigen Weise eingewirkt habe.
Jedenfalls nannte er ihn, wenn er in den lichten Momenten
seiner langen Leidenszeit auf ihn zu reden kam, nur: „den
Herrn von Goethe".

Viel unbedeutender als Hölderlin war der zweite Dichter,
der Goethe in Frankfurt entgegentrat, Siegfried Schmid aus

Friedberg (geb. 16. Dez. 1774, gest. 1860). (Vgl. oben S. 6 fg.,
41.) Er hatte mit Hölderlin höchstens das gemein, daß auch er
eine Zeit lang in Geistesverwirrung lebte. Aber er war eine ge-
sundere Natur als jener, befreite sich, wurde 1806 oder 7 in Ungarn
Soldat und lebte die letzten Jahrzehnte als pensionirter Rittmeister
in Budapest. Von irgend welcher Beziehung Schmids zu Goethe
ist späterhin nicht die Rede. Zu seiner Characteristik läßt sich
nach den Goethischen Worten (oben S. 6 ff.) nicht viel hinzufügen.
Seine wenigen Gedichte aus Schillers Musenalmanach f. 1798 sind
(vgl. Goedeke 5, 451): Sängers Einsamkeit, Frühlingsspaziergang,
Götterhülfe, Täuschung; das erste davon ist von einer Compo-
sition Zumsteegs begleitet. Es schildert in nicht eben schönen
Versen und nicht gewählten Worten (z. B. „Was trieb ihn hin?
Was zum Klavier im Trauersinn?") die zorn- und weh-
müthige Stimmung des Dichters, der sich von der Welt verkannt
wähnt. In dem „Frühlingsspaziergang" will er darthun, daß
nicht bloß das Erwachen der Natur, sondern auch die Einwirkung
der Götter den Menschen und Dichter auf- und anregt. Nicht
das Flehen zu den Göttern ruft sie herbei, lehrt er im Gedicht
„Götterhülfe", vielmehr erscheinen sie unerfleht, wenn der Mensch
begeistert ist durch Wein, Liebe, Schaffenskraft („Wenn er ihnen
gleich, auf neue Schöpfung sinnt, Natur belauschend"). Der unglückliche Dichter, der am Bach und im Gewitter vergeblich
Kühlung gesucht, zürnt („Täuschung") den Göttern, daß sie ihm
das Bild der Geliebten vorgegaukelt hätten, die er doch in Wirk-
lichkeit nicht finde. Die Verse, namentlich die Distichen sind sehr
ungewandt (z. B. „Denn die Geliebte (!) birgt er mir böslich (!) die
er doch immer"), die Bilder seltsam (z. B. „Blitze, dem blauen
Gebirg küssend die Last von der Stirn"). Die Gedichte Schmids
waren von Schiller (25. Juli 1797) characterisirt worden als
Werke, aus denen „ächte tiefe Empfindung und ein gewisser
Schwung des Geistes herausblickt". Seine dramatischen Schriften
waren mir nicht zugänglich. Er ebenso wie Hölderlin waren
durch Schiller von Goethes bevorstehender Anwesenheit in Frankfurt unterrichtet und zu einem Besuch bei Goethe aufgefordert
worden (Schillers Brief 28. Juli). Von der Art, wie Schmid

sich bei Goethe betragen hatte, war Schiller nicht sonderlich entzückt.

Bemerkenswerth in dem Goethischen Briefe ist ferner die Stelle (S. 7 unten), in der er den aus dem Kaufmannsstamm (dies eine bewußte Correctur Goethes aus „Kaufmannsstand", wie er ursprünglich dictirt hatte) hervorgehenden Dichtern die Erhebung abspricht und den Begriff, auf den es eigentlich in der Poesie ankommt. Das Concept fügte hier noch hinzu: „Vielleicht finden sich aus ähnlichen Ursachen unter den Juden keine Dichter und Künstler."

Das Zweite, worüber der Briefwechsel handelt, sind Werke beider Dichter. Nicht lange vor dem Antritt der Reise war „Hermann und Dorothea" vollendet worden und es ist natürlich, daß sich manche Bemerkungen unserer Briefe darauf beziehen. Dazu gehört die S. 27 an Böttiger, der einen Verleger verschafft und bei manchem Metrischen seinen Rath ertheilt hatte; auch unter „meinem Gedicht" S. 1 ist dasselbe Werk gemeint. Die Ideen über „Laokoon" müssen die einige Monate vorher an M. übersendeten Grundlinien eines Aufsatzes sein, der später in den „Propyläen" erschien und sich im Wesentlichen gegen die Anschauungen des Archäologen A. Hirt richtete. (Vgl. G. J. XV, S. 100 ff.)

Das Jahr 1797 ist ebenso wie die folgenden als Balladenjahr bekannt; eine Reminiscenz an diese Thätigkeit tritt auch in unseren Briefen hervor. Freilich nicht durch die kurzen Bemerkungen, die der Briefschreiber über sein eigenes poetisches Schaffen macht. Denn die „paar poetischen Stoffe", von denen oben (S. 33 Z. 20) die Rede ist, lassen sich nicht bestimmt deuten. Der Frankfurter Zeit gehört nachweislich kein Gedicht an und es ist nicht sicher, daß diese Worte auf Uebersetzung und Nachbildung fremdländischer Gedichtchen deuten, die der Weiterreise Goethes entstammten.

Auch das „unbenische Pygmäen-Weibchen", (in einem früheren Briefe hieß es einmal; „Das Märchen mit dem Weibchen im Wasser") (oben S. 14, Zeile 8) bezieht sich nicht auf eine Ballade, sondern auf eine Erzählung, die Goethe nicht, wie er (a. a. O.) glaubte, auf der Reise vollendete, sondern die er weit später ausarbeitete, und erst in die Wanderjahre aufnahm.

Dagegen ist von zwei Schiller'schen Balladen die Rede. Die eine ist „Der Taucher". Er ist laut Schillers Kalender am 5. Juni begonnen und am 14. Juni 1797 beendet. Er ist gewiß dem Freunde alsbald bekannt geworden, obgleich in dem gedruckten Briefwechsel sich keine bestimmte Bemerkung über das fertige Gedicht findet, aber das Gedicht wird, wie dies bei der häufigen persön-lichen Begegnung beider Freunde nicht anders sein konnte, mündlich erörtert worden sein. Das Gedicht wurde aber, wie es Schillers Art war, auch Anderen mitgetheilt, u. A. Herder, der damals, seit der Verbindung der beiden Dioskuren, seiner Abneigung gegen Beider Schaffen oft genug in kleinlicher Weise Ausdruck gab. Denn er ist der Alte auf dem Topfberg (o. S. 13 Z. 10), so genannt von dem Topf- oder Töpfenmarkt, wo er wohnte. Sein Brief an Schiller, der zwar unterm 29. Juli in des Letzteren Kalender eingetragen wurde, scheint nicht erhalten zu sein, ist wenigstens bisher nicht bekannt.

Man ist daher, da Herders Brief an Knebel vom 7. August 1797 nur die Thatsache berichtet, daß er zwei Balladen von Schiller erhalten habe, aber kein Urtheil darüber abgiebt, auf die Aeußerung in dem Briefe Schillers an Goethe von demselben Tage angewiesen, in dem es heißt: „Herder hat mir nun auch unsere Balladen, die ich ihm communicirt hatte, zurückgeschickt; was für Eindruck sie aber gemacht haben, kann ich aus seinem Briefe nicht erfahren. Dagegen erfahre ich daraus, daß ich in dem Taucher bloß einen gewissen Nicolaus Pesce, der dieselbe Ge-schichte entweder erzählt oder besungen haben muß, veredelnd um-gearbeitet habe. Kennen Sie etwa diesen Nicolaus Pesce, mit dem ich da so unvermuthet in Concurrenz gesetzt werde?"

Dazu mag kurz bemerkt werden, da Goethe darauf eingeht, oben S. 13 Z. 16, daß in den alten Quellen, abgedruckt bei Goedeke, hist. krit. Ausgabe von Schillers Werken, Bd. 11 S. 443 ff., Nicolaus Pesce wirklich der Held der Geschichte ist. Woher sie Schiller entnahm, ist nicht bekannt.

Die andere Schillersche Ballade ist „Die Kraniche des Iby-cus,", die, wie „Der Taucher", zuerst im Musen-Almanach für 1798 erschienen. Laut Kalender ist das Gedicht zwischen dem

11. und 16. August entstanden, doch erkennt man aus Schillers
Brief vom 17., daß der Stoff und die Arbeit daran Goethe
wohl bekannt waren. Die Stelle aus Schillers Brief, die zum
Verständniß nothwendig ist, lautet so:

„Endlich erhalten Sie den Jbykus. Möchten Sie damit zufrieden sein. Ich gestehe, daß ich bei näherer Besichtigung des
Stoffes mehr Schwierigkeiten fand, als ich anfangs erwartete,
indessen däucht mir, daß ich sie größtentheils überwunden habe.
Die zwei Hauptpunkte worauf es ankam, schienen mir e r s t l i ch
eine Continuität in die Erzählung zu bringen, welche die rohe
Fabel nicht hatte, und z w e i t e n s, die Stimmung für den Effect
zu erzeugen. Die letzte Hand habe ich noch nicht daran legen können,
da ich erst gestern Abend fertig geworden, und es liegt mir zuviel daran, daß Sie die Ballade bald lesen, um von Ihren Erinnerungen noch Gebrauch machen zu können. Das angenehmste
wäre mir, zu hören, daß ich in wesentlichen Punkten Ihnen be-
gegnete."

Die von Schiller übersendete Fassung ist uns nicht bekannt.
Die 14. Strophe, auf die Goethe (oben S. 32 Z. 19, aber auch die
ganze Seite handelt über dies Gedicht, vgl. ferner S. 34) hin-
weist, ist die jetzige 18.: „So singend tanzen sie den Reigen", bis
„Verschwinden sie im Hintergrund," worauf dann eine Strophe,
die jetzige 19., eingefügt wurde, in der die Stimmung der Ver-
sammelten, der durch den Chorgesang hervorgerufene Eindruck
dargestellt wird.

Der „Musen-Almanach", zu dessen herrlichsten Beiträgen die
beiden eben angeführten Dichtungen gehören, dessen eifrigster Unter-
stützer Goethe damals war, wie er denn auf seiner Reise Rein-
bogen davon empfing (S. 32 Z. 1) spielt auch sonst in den
Briefen eine Rolle. Er wurde bei den beiden jungen Dichtern
Hölderlin und Schmid von Friedberg bereits erwähnt und gab
auch zu der Bemerkung über Kosegarten Anlaß. Denn dieser,
Ludwig Gotthard Kosegarten, 1758—1818, der schon im Jahre
1777 als Dichter aufgetreten war, hatte für seine Poesieen Schillers
Billigung nicht erhalten. Schiller bemerkt in einem schon angeführten Brief, 17. August, darüber Folgendes:

„Er hat mir nun geschrieben, und sehr dankbar für meine Aufrichtigkeit. Aber wie wenig ihm zu helfen ist, sehe ich daraus, daß er mir in demselben Briefe das Anzeigeblatt seiner Gedichte beilegt, welches nur ein Verrückter geschrieben haben kann. Gewissen Menschen ist nicht zu helfen, und dem da besonders hat Gott ein ehern Band um die Stirn geschmiedet."

Daher muß auch das „nordische Abjurbum", das Goethe an Meyer sandte, (oben S. 37 Z. 14 ff.) nur diese gedruckte Darlegung, das Anzeigeblatt seiner Gedichte, von dem Dünßer: Schiller und Goethe S. 138 eine Probe gegeben hat, sein, kann sich aber nicht, wie die Anmerkungen zu Goethes Briefen Bd. 12, S. 233 wollen, auf eine größere damals erschienene Schrift Rosegartens beziehen.

Außer dem „Musen-Almanach" fesselten die „Horen", die freilich damals schon stark auf dem Aussterbe-Etat standen und wirklich Ende des Jahres zu Grunde gingen, das Interesse der Dichter. Zu den Mitarbeitern dieser Zeitschrift ebenso wie des Almanachs gehörten auch die beiden mit Agnes und Amalie (oben S. 14 Z. 19 fg.) bezeichneten Frauen. Unter Agnes ist Schillers Schwägerin, Caroline von Wolzogen, zu verstehen, mit Anspielung auf ihren damals erschienenen Roman „Agnes von Lilien", der großes Aufsehen gemacht hatte; Amalie ist Amalie von Imhoff, Schillers und Goethes Schülerin, die bereits mit kleinen Gedichten debutirt hatte, und deren größeres Epos „Die Schwestern von Lesbos" bald einen ganzen Almanach ausfüllen sollte.

In seiner allgemeinen Betrachtung (vgl. o. S. 21—24) geht Goethe auf das von Schiller selbst in seiner Abhandlung über naive und sentimentalische Dichtung behandelte Thema ein. Leider hat Schiller, der beim Empfange dieses Briefes leidend war, darauf nicht unmittelbar geantwortet und sich erst später, am 7. September, darüber geäußert. Noch weniger gehen die Commentare darauf ein; Dünßer bringt in seinem mehrfach angeführten Buche „Schiller und Goethe, Übersichten und Erläuterungen zum Briefwechsel", Stuttgart 1859, gar nichts. Goethe bezeichnet die Empfindung auf der Reise, die etwas allgemein Menschliches erregt und

durch einen bedeutſamen ˙ Gegenſtand hervorgerufen wird, als
ſentimental. Von ſolchen bedeutſamen Gegenſtänden nennt er
zwei: den Platz, auf dem er wohnte und den großväterlichen
Palaſt. Was den erſteren betrifft, ſo darf man wohl annehmen,
daß Goethe, nachdem die Seinigen fort waren, trotz der beſchränk-
ten Wohnung der Mutter bei ihr auf dem Roßmarkt, der Hauptwache ſchräg gegenüber, wohnte. Ueber dieſen Platz und die Ausſicht hatte Frau Rath am 24. Auguſt 1795 (Schr. b. G.-G. IV.
S. 88) Folgendes geſchrieben:

„Aber nun die Ausſicht — da iſts ohne allen ſtreit das
erſte Hauß in Franckfurth — die Hauptwache gantz nahe — die
Zeil da ſehe ich biß an Darmſtädter Hof — alles was der
Catharinenporte hinein und herauskommt ſo mit der Bockenheimer-
ſtraße u. ſ. w. und dann das jetzige Soldatenweßen! So eben
werden die Anſpacher auf den Parabeplatz geſtelt — um 11 Uhr
die Wachtparabe mit treflicher Kriegeriſcher Muſick alles an mir
vorbey — und Sontags wenn die Catharinenkirche aus iſt —
und die Wachtparabe dazu kommt ſo ſiehts auf dem großen Platz
aus wie am Krönungstag — ſogar an Regentagen iſt es luſtig
die vielen Hundert Paraplü vormiren ein ſo buntes tach —
das luſtig anzuſchauen iſt." —

Der großväterliche Garten iſt nach Dünter der auf der Fried-
berger Straße gelegene, wo jetzt das Hotel Drexel ſteht. Ausgehend
von dieſen beiden Plätzen, bei welchen beiden ſich etwas Pietätvolles
in ihm regte, bei dem Platze der Umſtand, daß er ihn von der Stätte
aus ſah, wo die Mutter weilte; bei dem Garten die Erinnerung an
die lange Familientradition, ſucht Goethe als die wichtigſte Aufgabe
des Reiſenden zu erklären, das Bedeutende zu finden, das Sym-
boliſche zu eruiren. Der Gedanke, dem er dadurch Ausdruck giebt,
iſt doch wohl der, daß es ihm auf Reiſen und im Leben nicht darauf
ankomme, ſein Gedächtniß zu beſchweren, Einzelheiten zu häufen,
mit denen er ſein Wiſſen bereichere, ſondern daß das Wichtige
für ihn darin beſtehe, die Eindrücke auf ſein Gemüth zu fixiren
und durch das Neugeſehene auf wichtige Gedanken zu gelangen.
Schiller hat in ſeiner Antwort vom 7. September gerade dieſe
Gemüthsſeite hervorgehoben, den Freund beſchworen, dieſe ſenti-

SAMUEL THOMAS von SOEMMERING.

mentalischen Eindrücke nicht schwinden zu lassen und darauf hin-
gewiesen, daß bei späterer poetischer Stimmung jede Straße und
Brücke, jedes Schiff oder mechanische Werkzeug einen ähnlichen
Eindruck auf das Gemüth hervorzurufen geeignet sei. Er schließt
mit den schönen Worten, die auch den Schluß dieses Theils der
Betrachtung bilden mögen:

„Nichts, außer dem poetischen, reinigt das Gemüth so sehr
von dem Leeren und Gemeinen, als diese Ansicht der Gegenstände,
eine Welt wird dadurch in das einzelne gelegt, und die flachen
Erscheinungen gewinnen dadurch eine unendliche Tiefe. Ist es
auch nicht poetisch, so ist es, wie Sie selbst es ausdrücken, menschlich; und das menschliche ist immer der Anfang des poetischen,
das nur der Gipfel davon ist."

Zu den Zwecken der allgemeinen Belehrung, die Goethe auf
seiner Reise, und speziell auch während seines Frankfurter Aufenthalts verfolgte, gehört auch das Schließen **neuer Bekannt-
schaften** und die Befestigung oder Wiederanknüpfung **alter
Beziehungen.**

Von gar manchen Personen, die in diese beiden Categorien
gehören, ist schon bei der Darlegung von Goethes Verhältniß zu
Kunst und Künstlern, Theater und Sammlungen die Rede gewesen. Ihre Namen sollen nicht wiederholt werden. Dagegen
mögen die Anderen, die von Goethe genannt werden, kurz hervorgehoben sein; soweit es möglich ist, sei Einzelnes über sie bemerkt.

Ausführlicher ist nur über zwei Männer zu handeln, deren
Bildnisse auch dieser Schrift beigegeben sind: Sömmerring
und Hufnagel; einige Worte seien einer Frau gewidmet, die
als Stammmutter mancher Frankfurter Beachtung verdient:
Sophie la Roche.

Die Verdienste S. Th. Sömmerrings, geb. 1755, gest. 1830,
sind so allgemeiner Art daß sie hier nicht im Einzelnen gewürdigt
werden können, übrigens liegen sie auch, ein Umstand, der die
Schwierigkeit für mich erhöht, auf einem mir ziemlich fremden Ge-
biete. Nur soviel soll gesagt werden, daß er als erster Anatom

der neueren Zeit manche grundlegenden Untersuchungen anstellte,
diese und die Beobachtungen und Erfahrungen seiner Genossen in
vielgebrauchten Handbüchern niederlegte, daß er außerdem auf
mannigfachen anderen Gebieten der Naturwissenschaft thätig war,
für Physik tiefes Verständniß zeigte, z. B. als Mitentdecker der
Telegraphie gilt, und daß er eine gründliche allgemeine Bildung
mit einem scharfen philosophischen Blicke verband. Im Folgenden
soll nur von seiner Stellung und seinem Aufenthalt in Frankfurt
und seinem Verhältniß zu Goethe die Rede sein.

Im Frankfurter Raths-Kalender wird unter den Med. doct.
recepti als viertletzter angeführt „Sam. Thom. Sömmerring prom.
1778, rec. 1795, Kurf. Mainz. Hofr. u. öffentlicher Lehrer
der Arznei-Gelahrtheit auf der Acad. zu Mainz, wohnt bey Hr.
Graumann auf dem kleinen Hirschgraben."

S. Th. Sömmerring hatte (Belli Contard 8, 17) sich am
19. Febr. 1792 mit Margaretha Elisabetha Grunelius verheirathet.
Diese, geb. 13. Oct. 1768, starb am 11. Jan. 1802. Sömmerring
lebte seit seiner Verheirathung, von einer nach Wien unternommenen
Hochzeitsreise zurückgekehrt, in Frankfurt bis Mai 1805. Sömmerrings Gattin war eine geschickte Malerin (Gwinner S. 352), sie
malte z. B. 1800 ein Miniaturporträt ihres Gatten.

Die Hauptstelle, in der Goethe sich über Sömmerring äußerte,
findet sich in den Naturwissenschaftlichen Schriften W. A. II, 7,
S. 190 in der Abhandlung über Geoffroy de St. Hilaire:
Principes de philosophie zoologique:

„Samuel Thomas Sömmerring ward durch Camper angeregt.
Ein höchst fähiger, zum Schauen, Bemerken, Denken, aufgeweckter
lebendiger Geist. Seine Arbeit über das Gehirn und der höchst
sinnige Ausspruch: der Mensch unterscheide sich von den Thieren
hauptsächlich dadurch, daß die Masse seines Gehirns den Complex
der übrigen Nerven in einem hohen Grad überwiegt, welches bei
den übrigen Thieren nicht statthabe, war höchst folgereich.

„Und was gewann nicht in jener empfänglichen Zeit, der gelbe
Fleck im Mittelpunkte der Retina für eine Theilnahme! Wie viel
wurden, in der Folge, die Sinnesorgane, das Auge, das Ohr
seinem Einblick, seiner nachbildenden Hand schuldig!

„Sein Umgang, ein brieflliches Verhältniß zu ihm, war durchaus erweckend und fördernd. Ein neues Factum, eine frische Ansicht, eine tiefere Erwägung wurden mitgetheilt und jede Wirksamkeit aufgeregt. Alles Aufkeimende entwickelte sich schnell und eine frische Jugend ahnete die Hindernisse nicht, die sich ihr entgegenzustellen auf dem Wege waren."

Aber auch in seinen autobiographischen Schriften sprach sich Goethe mannigfach über ihn aus. In den „Annalen" kommt die folgende kurze Characteristik S.'s vor: „Geistreich war sein Eingreifen, fördernd selbst sein Widerspruch, und wenn ich auf seine Mittheilungen recht aufmerkte, so sah ich immer weiter." Ja, selbst in der überaus kurzen Erwähnung des Frankfurter Aufenthalts 1797 in den eben angeführten „Annalen" wird Sömmerring als Einziger namentlich aufgeführt unter allen denen, mit welchen Goethe damals zusammen war: „In Frankfurt belehrte mich Sömmerring durch Unterhaltung, Präparate, Zeichnungen". Schon einige Jahre früher, in dem Aufsatz „Bildung und Umbildung organischer Naturen" hatte Goethe bei der kurzen Characteristik der Naturforscher gesagt: „Sömmerring zeigte sich bewundernswürdig". Der also Gerühmte hatte des nichtfachmännischen Freundes in seiner „Knochenlehre" 1791, S. 160 gedacht. Er nannte die damals nur handschriftlich verbreitete Arbeit (vgl. unten S. 132) über den Zwischenkieferknochen „einen sinnreichen Versuch, der verdiente, öffentlich bekannt zu werden".

Mit dieser allgemeinen großen Schätzung seitens Goethes steht eine merkwürdige Stelle der „Gespräche" in schroffem Widerspruch. Sie gehört zu den nicht gerade wenigen, bei welchen man die Vermuthung nicht unterdrücken kann, daß Eckermann manches mißverstanden oder das Gehörte absichtlich falsch dargestellt hat. Eckermann erzählt nämlich (Biedermann, 7, S. 266 ff.), Goethe habe erwähnt, daß Sömmerring so früh, 75 Jahre alt (!) gestorben sei und hinzugefügt: „Wir befinden uns an den beiden entgegengesetzten Enden der Kette: Er will niederreißen, und ich möchte erhalten und aufbauen. In seinem Alter noch so radikal zu sein ist der Gipfel aller Thorheit!" Die Aeußerung steht so vereinzelt da, daß ich nicht im Stande bin, sie zu rechtfertigen, allerdings besitze ich auch nicht das Material, sie zu widerlegen.

Die persönliche Beziehung beider Männer begann schon im
Jahre 1783 gelegentlich des oben (S. 64) erwähnten Besuches
Goethes in Kassel. Ein Briefwechsel knüpfte sich im folgenden
Jahre an. Der Schädel eines Nilpferdes bot vielfach Gegen-
stand der brieflichen Unterhaltung, von der freilich nur die Briefe
Goethes bisher bekannt geworden sind. Persönliche Beziehungen
Beider zu Merck und Camper wurden darin gestreift. Die natur-
wissenschaftlichen Einzelheiten, die in diesen Briefen berührt werden,
sollen hier nicht genau mitgetheilt werden. Nur so viel sei be-
merkt, daß sich Goethe nicht bloß als Lernender, sondern auch als
Mittheilender zeigte; die Uebersiedelung Sömmerrings von Kassel
nach Mainz, „von der Nachbarschaft an die schönen Ufer des
Rheins", war ihm, dem an Weimar Gefesselten, wegen der
größeren Entfernung unwillkommen, doch hoffte er auf eine fernere
Verbindung. Die damals geschriebene Abhandlung über den
Zwischenlieferknochen, die erst 1820 gedruckt wurde, ward 1790
handschriftlich verbreitet, zunächst als Brief eben an unsern
Sömmerring gedacht und ihm wie anderen Freunden 1784 zuge-
schickt. Dieser muß sich brieflich ungünstiger geäußert haben, als es
gedruckt in der oben S. 131 erwähnten Stelle der Fall ist. Denn daß
er mit der Abhandlung unzufrieden war, ergiebt sich aus Goethes
Worten an Merck, 13. Februar 1785: „Von Sömmerring habe
ich einen gar leichten Brief. Er will mirs gar ausreden. Ohe!"
Vielleicht war es gerade diese briefliche Auseinandersetzung, die
eine kleine Spannung zwischen den beiden Männern, die zwar
nicht Amtsbrüder waren, aber sich als Fachgenossen betrachteten,
hervorrief, jedenfalls den Briefwechsel ins Stocken brachte. Eine
Wiederanknüpfung erfolgte erst im August 1788 in amtlichem
Auftrage, eine Erkundigung im Namen des Herzogs nach des
gemeinsamen Freundes Merck Gemüthsverfassung. Doch als diese
Angelegenheit zu Ende war, wurde die Correspondenz nicht weiter
verfolgt, auch ein neuer Gegenstand nicht verhandelt, sondern es
dauerte fast drei Jahre, bis Goethe wieder das Wort ergriff,
und zwar auf Grund des von Sömmerring übersandten Werkes
„Ueber den Bau des menschlichen Körpers". Die Art, wie
Goethe hier dankte, wie er eine Hervorlockung seiner eigenen Ver-

suche durch diese Arbeiten erhoffte, wie er sich glücklich pries, wenn er sein ganzes Leben diesem Studium weihen könnte, zeigt die hohe Achtung, die er für den Forscher hegte. Auch die folgenden Worte bekunden eine Unterordnung, die Goethe sonst auch Bedeutenden gegenüber nicht gewöhnlich war:

„Ich bin überzeugt, daß diese Ihre letzte Arbeit, wie Ihre vorhergehenden, einen Mann bezeichnen, der über den Gegenstand denkt, welchen er behandelt, und der eben deswegen das Verworrene klar, und das Trockene angenehm vorzutragen im Stande ist. Sie sind in einem Lande zu Hause, das ich nur manchmal als Gast besuche, und ich wünsche, daß meine Bemerkungen, die ich gleichsam nur erhasche, in der Folge für Sie von einigem Werth sein mögen."

Inzwischen war ein mehrfaches Zusammentreffen der beiden auf gemeinsamen Feldern thätigen Männer in Mainz und Frankfurt eingetreten, und dieses Zusammentreffen brachte, wie es bei Goethes Beziehungen zu Männern häufig der Fall war (man denke nur an Schiller), vielleicht unter dem Einflusse der Frau, ein herzlicheres Einvernehmen zu Stande. Die beiden Stellen, in denen dieser Zusammenkünfte Erwähnung geschieht, „Campagne in Frankreich" und „Belagerung von Mainz" (W. A. 33, S. 4 sg., S. 317 ff.), sind der Mittheilung hier werth:

„Sodann verbracht' ich" heißt es im erstgenannten Werk „mit Sömmerrings, Huber, Forsters und andern Freunden zwei muntere Abende, hier fühlt' ich mich schon wieder in vaterländischer Luft. Meist schon frühere Bekannte, Studien-Genossen, in dem benachbarten Frankfurt wie zu Hause (Sömmerrings Gattin war eine Frankfurterin, vgl. oben S. 130) sämmtlich mit meiner Mutter vertraut, ihre genialen Eigenheiten schätzend, manches ihrer glücklichen Worte wiederholend, meine große Ähnlichkeit mit ihr in heiterem Betragen und lebhaften Reden mehr als einmal betheuernd, was gab es da nicht für Anlässe, Anklänge in einem natürlichen, angebornen und angewöhnten Vertrauen! Die Freiheit eines wohlwollenden Scherzes auf dem Boden der Wissenschaft und Einsicht verlieh die heiterste Stimmung." Und in dem zweiten Werk 1793: „Ich fand diesen Freund wieder daselbst

(Mainz), ich darf nicht sagen eingezogen, denn die schönen Zimmer waren durch die wilden Gäste aufs Schlimmste behandelt. Sie hatten sich nicht begnügt, die blauen reinlichen Papiertapeten so weit sie reichen konnten, zu verderben; Leitern oder übereinander gestellte Tische und Stühle mußten sie gebraucht haben, um die Zimmer bis an die Decke mit Speck oder sonstigen Fettigkeiten zu besudeln. Es waren dieselbigen Zimmer, wo wir vor'm Jahr so heiter und traulich zu wechselseitigem Scherz und Belehrung freundschaftlich zusammen gesessen. Indeß war bei diesem Unheil doch auch noch etwas Tröstliches zu zeigen; Sömmerring hatte seinen Keller uneröffnet und seine dahin geflüchteten Präparate durchaus unbeschädigt gefunden. Wir machten ihnen einen Besuch, wogegen sie uns zu belehrendem Gespräch Anlaß gaben."

Während die beiden oben mitgetheilten Stellen über ein Zusammentreffen der Freunde in Mainz handeln, muß hinzugefügt werden, daß sich Beide auch vor der Einnahme von Mainz in Frankfurt sahen. Ueber diesen Verkehr berichtet Goethe in seinen Briefen: „Sömmerrings Gegenwart ist mir sehr erfreulich und heilsam." Endlich sah Goethe den Freund noch ein viertes Mal, nach seiner Rückkehr von Mainz, gleichfalls in Frankfurt und erzählte wiederum in den Briefen von den „aufmunternden Conferenzen", die er mit dem ihn so vielseitig interessirenden Forscher in seiner Vaterstadt gehabt hatte. Man merkt diesen Stellen wohl an, daß die, man möchte sagen, unpersönliche Stimmung der früheren Zeit einer persönlicheren Platz gemacht hat. Daher darf man sich nicht wundern, daß auch der Ton der Briefe von nun an ein viel wärmerer und herzlicherer wird. Sie werden auch viel zahlreicher: der Zeit vom Dezember 1793 bis 1796 gehören fast doppelt so viel Briefe an, als den zehn vorhergegangenen Jahren. Das herzliche Einvernehmen ist um so merkwürdiger, als Sömmerring in der „Salzburger Zeitung" eine Kriegs-Erklärung gegen Loder, den schon oben erwähnten Anatomen, (vgl. S. 46), veröffentlicht hatte, die Goethe bei seiner amtlichen und persönlichen Stellung zu Loder nicht angenehm sein konnte. (Ueber diesen offnen Brief vermag ich außer dieser Notiz aus den mir zugänglichen Quellen nichts anzugeben.)

Goethe schätzte in Sömmerring nicht bloß den Forscher, mit dem er vielseitige Berührungen hatte, sondern auch den ihm angenehmen Menschen und den Kritiker, der Verständniß für ästhetische Dinge besaß. So schickte er ihm damals den „Reineke Fuchs", wie er später sein Urtheil über „Wilhelm Meister" erbat und erhielt. (Vgl. für das letztere Werk, Hempel Bd. 29, S. 104.) Wenn Briefe Sömmerrings zu lange ausblieben, so bat Goethe besorgt um Nachricht. Die viel umstrittene Schrift Sömmerrings „Ueber das Organ der Seele", auf die der Verfasser besonderen Werth legte, mit der er jedoch ähnliche trübe Erfahrungen machte, wie Goethe mit seiner Farbenlehre, veranlaßte Letzteren zu einer langen Auseinandersetzung, in der er sich mehr gegen die Eintheilung des Werkes und gegen die Art der Polemik als gegen den Inhalt wandte.

„Ich würde mit mehr Lust arbeiten in Hoffnung Ihrer Theil-nahme", so hatte Goethe im August 1795 dem Freunde ge-schrieben. Es läßt sich daher denken, wie froh er es begrüßte, mit ihm in Frankfurt wieder zusammenzutreffen. Leider blieb Sömmerring nicht während der ganzen Zeit von Goethes An-wesenheit in Frankfurt. Er reiste nach Mainz, wo er der Hinter-lassenschaft des verstorbenen Freundes Georg Forster eine größere Treue widmete, als er dem Lebenden zuletzt geweiht hatte, indem er für den Verkauf der hinterlassenen Bibliothek thätig war. Dabei ist zu bemerken (vgl. W. A. Briefe 12, S. 436), daß Sömmerring in jener Auction für Goethe nur die zwei Bände von dessen Schriften kaufte, während ihm die übrigen acht Bände entgingen; das andere von Goethe gewünschte Werkchen, ein Quartbändchen über Goldarbeiten, „nur zwei Bogen stark", wurde von der Göttinger Bibliothek gekauft.

Zwischen dem eben berührten oben S. 26 fg. abgedruckten Frank-furter Zettelchen, in dem es sich um den Büchereinkauf handelt, und dem folgenden Brief Goethe's an Sömmerring liegen mehr als zwei Jahre. Es ist merkwürdig, daß das Frankfurter Zusammen-leben keine Festigung und Vermehrung der Correspondenz bewirkte, doch ist der Ton der wenigen noch folgenden Briefe, aus denen man übrigens erkennt, daß literarische Zusendungen von beiden Seiten ziemlich häufig stattfanden, besonders innig.

Auch aus ben folgenden Jahren ist erst nach längerer Pause
wieder ein Brief erhalten (8. Juni 1803), in bem der Wunsch
ausgebrückt war, Sömmerring in Jena an Lobers Stelle zu sehen.
Die Bedingungen bei dieser Berufung waren ehrenvoll und
glänzend genug. Doch wurde biese, wie so manche Berufung, die
in biesen Jahren an Sömmerring gelangte, abgelehnt. Aus
manchen Aeußerungen Sömmerrings, z. B. an Hehne, erkennt man, baß diese Ablehnung vor allen Dingen wegen ber
bamals recht unangenehmen persönlichen und Universitäts-Ver-
hältnisse in Jena erfolgte. Vielleicht war es gerabe diese Ablehnung, bie ben bisher einigermaßen regen Berkehr völlig
unterbrach. In ben bisher gebrucki vorliegenben Quellen ist
wenigstens erst aus bem Jahre 1818 wieder ein Brief, und brei
aus bem Jahre 1827 bekannt. Der erstere bezieht sich auf eine
gebruckte Zusenbung bes gelehrten Anatomen, bie letzteren auf
eine ganz spezielle wissenschaftliche Angelegenheit, Briefe, bie von
einer Festigung ber früher ausgebrückten innigen Zuneigung wenig
enthalten.

Es ist merkwürdig, baß Goethe in seinen aus Frankfurt
geschriebenen Briefen an Weimarer und sonstige Freunde ben
Namen bes ihm wichtigsten Frankfurter Gesellschafters nicht nannte,
während er ihn, wie erwähnt, in der kurzen Notiz ber „Annalen"
als Einzigen unter Allen hervorhob. Da man schwerlich ben
Gebanken geltend machen kann, Goethe habe bie Eifersüchtelei
seiner Correspondenten gescheut, so muß man annehmen, baß gerabe ber naturwissenschaftliche Freund, wie er meinte, bem
Aesthetiker und Kunstfreunbe nicht interessant war. Die in Frankfurt mit Sömmerring besprochenen Gegenstände (S. 41 Z. 3 v. u.
S. 42 Z. 2 fg.) waren zum Theil hervorgerufen burch bie oben
erwähnte Schrift Sömmerrings von ber Seele. Die angeführte
Abhanblung vom Bart (S. 42 Z. 2) hat Sömmerring, wie es
scheint, nicht vollenbet, oder jebenfalls nicht brucken lassen. Was
enblich bas anatomische Theater betrifft, bas ihm abgenommen wurde
(14. August o. S. 42 Z. 10 fg.), so ist Folgenbes zu bemerken:
      „Ueber Sömmerring's Berhältniß zur Dr. Senckenbergischen
Anatomie läßt sich nach Lucae, Die Dr. Senckenbergische Anatomie

D. Wilhelm Friederich
Hufnagel,
geb. 1754.

= Jahresbericht über die Verwaltung des Medicinalwesens . . .
der Freien Stadt Frankfurt, I. Jahrgang 1857, S. 246 ff. nur
feststellen, daß die inneren Verhältnisse der Anatomie damals
reorganisiert wurden; darunter scheint auch Sömmerring gelitten
zu haben." (Jung).

Am ausführlichsten nach den Bemerkungen über die mit
Sömmerring geführten Gespräche äußert sich Goethe über die
Unterhaltungen mit Senior Hufnagel (vgl. oben S. 42 Z. 16 ff.).
Dieser war Goethe nicht unbekannt. Schon 1788 26. Dezember, und
noch einmal 15. April 1789 war er brieflich (W. A. IV, Bd. 9,
S. 62 u. 104) von Goethe, der zugleich bedauerte, in Weimar
H.'s Bekanntschaft nicht gemacht zu haben, angegangen worden,
sich für C. A. Vulpius, Christianens Bruder, zu interessiren. Damals lebte W. Fr. Hufnagel (15. Juni 1754 bis 7. Febr. 1830)
als Professor der Theologie in Erlangen, wo er seit 1775 wohnte
und seit 1778 Privatdozent, seit 1779 außerordentlicher, seit 1783
ordentlicher Professor der Theologie war. 1791 war er als Senior
des Predigerministeriums nach Frankfurt berufen worden und hatte
eine große Wirksamkeit entfaltet. (Im Kalender wird er als
erster des Ministeriums angeführt: „Wilhelm Friedrich Hufnagel,
SS. Theol. D. vener. Minist. Sen. Consist. Assess. und Sonntags-
Prediger zu den Barfüßern, geb. 15. Juni 1754, ber. 1791.")
Mit ihm war der Rationalismus in Frankfurt eingezogen.
(Dechent im G.-J. X, 170.)

Als allgemein gebildeter Mann hatte er sich wohl auch schon
vorher für Goethes Schriften interessirt; als Frankfurter und
persönlicher Bekannter erhöhte er dies Interesse. Goethes Unterhaltung mit ihm über Wilhelm Meister mag recht wohl auf Frankfurter Anregungen zurückzuführen sein. Wie leicht konnte ihm,
als einem, der zu Frau Ajas Kreis gehörte, die Thatsache bekannt gewesen sein, daß das 7. Buch des genannten Romans auf
Frl. von Klettenbergs Bekenntnissen beruht. Seine Theilnahme an
Goethes Schriften wird von Frau Rath häufig bezeugt, die auch
des Seniors Zuneigung zu Goethe lebhaft hervorhebt. (Schriften
der Goethe-Gesellschaft 4, 143 fg., 157, 189.) Unter diesen Schriften
war es „Herrmann und Dorothea", die er eifrig las, zur An-

schaffung empfahl, manchen Predigten zu Grunde legte und sogar
in seiner Zeitschrift als ein Werk verherrlichte, das religiösen,
Bürger- und Familiensinn allgemein verbreitet. Daß Frau
Rath den Senior einmal „überspannt" nennt und von seinem „jämmer-
lichen" Buche (einem durch ihn veranlaßten und von ihm mit einer
Vorrede begleiteten ABCBuche) spricht (a. a. O. 179 u. 385) braucht
bei der Lebhaftigkeit, mit der Frau Rath empfand und ihre je-
weiligen Gefühle zum Ausdruck brachte, noch nicht als Feindselig-
keit gegen Hufnagel, sondern nur als Zeugniß einer augenblicklichen
Mißstimmung aufgefaßt zu werden.

Zu den Verdiensten Hufnagels um Frankfurt gehörte namentl-
lich seine Thätigkeit für die Schulen (vgl. Stricker in A. D. B.
13, 301—303). Er war, trotz seines geschmähten Buches, von
großem Nutzen für die Schulen als Schriftsteller, als Sammler von Capitalien, als praktischer Reorganisator, dessen Thätigkeit
freilich in Folge der gesetzlich festgestellten sehr verderbten Verhältnisse nur eine sehr allmähliche und erst spät von Erfolg gekrönte sein
konnte. Er blieb lange, auch noch in der Dalberg'schen Zeit, im
Verein mit Maximilian von Günderrode an der Spitze des Frankfurter Schulwesens. Durch seine Kenntniß der Zustände und durch
seinen regen Eifer, das Bestehende zu verbessern, war er der ge-
eignetste Mann, um Goethe über Schulen und Schulwesen aufzuklären.

Wenn Goethe mit Hufnagel ferner über Spalbings neueste
Schriften sprach (oben S. 42), so kann doch wohl nur Joh. Joach. Sp.
(geb. 1714, gest. 1804) gemeint sein. Dieser als Prediger und viel-
seitiger Schriftsteller bekannte Mann, ein Hauptvertreter der Aufklärung, war wohl Goethe durch die „Briefe von Herrn Spalbing an
Herrn Gleim" 1761 bekannt geworden. Seine neueste Schrift war
„Die Religion, eine Angelegenheit des Menschen," die 1792 anonym,
1798 in zweiter Auflage mit seinem Namen erschienen ist. Das
Interesse für diese Schrift stammte schwerlich von Goethe, denn
dieser sprach in seinen Briefen (in diesen kommt Sp.'s Name
überhaupt nicht vor) und auch sonst nicht von ihr, wie denn des
Berliner Aufklärers Name nur einmal ganz kurz begegnet (Dicht.
und Wahrheit, 7. Buch ed. Loeper II. 59). Schon der Umstand,
daß Herder sein erklärter Gegner war (Loeper a. a. O. 288),

mochte bei Goethe kein großes Interesse aufkommen lassen. Wohl aber hatte Hufnagel für jene Schrift gerade damals lebhafte Sym- pathie. Diese wird bezeugt durch seine im Frankfurter Staats- ristretto (21. Aug.) abgedruckte Erklärung, in der er auf seine Besprechung des Spalding'schen Buches in seiner Zeitschrift: „Für Christenthum, Aufklärung und Menschenwohl" hinwies.

Auch Frau Sophie von La Roche gehört zu den Per- sonen, die Goethe in Frankfurt, oder richtiger von Frankfurt aus sah, bezw. wiedersah. Der gedruckte Text der Briefe spricht nicht von ihr; im Tagebuch, 11. August (f. o. S. 41, Z. 9 v. u.) ist nur die Thatsache der Fahrt nach Offenbach notirt; dabei werden noch einzelne Besucherinnen genannt, die Goethe bei der Besuchten antraf, Frauen, über die ich freilich nichts zu sagen vermag. Dagegen findet sich über die Besuchte selbst in dem Conzepte eines damaligen Briefes an Schiller die folgende Stelle, die hier nicht fehlen darf, da sie zur Erkenntniß von Goethe's Stimmung wichtig, aber nur an einem schwer zugänglichen Ort zu finden ist. Sie lautet:

„Gestern war ich in Offenbach bey Frau von la Roche, sie hat mich mit ihren sentimentalen Sandsäckchen so abgebläut, daß ich mit dem größten Mißbehagen wieder fortfuhr und beynah die herrliche Gegend nicht angesehen hätte. Es ist erschrecklich, was eine bloße Manier durch Zeit und Jahre immer leerer und uner- träglicher wird."

In den Aufzeichnungen der Sophie La Roche ist nach Lud- milla Assings Biographie, Berlin 1853, von diesem Besuche Goethes nicht die Rede.

Sophie La Roche hatte in Goethes Jugend eine sehr wichtige Rolle gespielt. Sie gehörte zu seinen mütterlichen Freundinnen, wurde von ihm in Ehrenbreitstein besucht (1773) und seitdem durch eine Reihe Herzensergießungen des jugendlichen Dichters ausgezeichnet.

Das Verhältniß wurde innig genug, namentlich als Sophiens Tochter Maximiliane den gleich zu nennenden Peter Anton Brentano heirathete. Es dauerte allerdings nicht lange, bis Goethe mit dem Manne in einige Differenz gerieth. Übertrug er auch die Miß- stimmung weder auf die Frau noch deren Mutter, so scheint seit-

dem Frau Sophie aus Goethes Gesichtskreis verschwunden zu
sein. Auch seine Ansichten über sie änderten sich im Laufe
der Zeit. Wenige Jahre später (1799) besuchte sie auf der
Reise zu ihrem Sohn Karl in Schwanebeck bei Magdeburg,
ihren alten Freund Wieland in Oßmanstedt und kam von dort
aus nach Weimar (auch auf der Rückreise sprach sie wieder daselbst vor). Damals war sie (vgl. Goethes Tagebuch, 25. Juli)
mit anderen Freunden bei Goethe zu Tisch; Sophie behauptete, es
wären Meyer, Wieland, Caroline von Wolzogen, Amalie von Imhoff
gewesen. Goethe selbst skizzirte ihre Anwesenheit mit den Worten:

„Eine wunderbare Erscheinung war in diesem Sommer Frau
von la Roche, mit der Wieland eigentlich niemals übereinge-
stimmt hatte, jetzt aber mit ihr im vollkommnen Widerspruch sich
befand. Freilich war eine gutmüthige Sentimentalität, die allenfalls vor dreißig Jahren, zur Zeit wechselseitiger Schonung noch
ertragen werden konnte, nunmehr ganz außer der Jahrszeit und
einem Manne wie Wieland unerträglich. Ihre Enkelin, Sophie
Brentano, hatte sie begleitet und spielte eine entgegengesetzt nicht
minder wunderliche Rolle.“ (Annalen.)

An Schiller aber schrieb er, 27. Juli: „Heute drohet
Ihnen, wie ich höre, ein Besuch der Larochischen Nachkommen-
schaft. Ich bin neugierig, wie es damit abläuft. Was mich betrifft, bin ich diese Tage so ziemlich in meiner Fassung geblieben,
erlustigen aber wird Sie das unendliche Unglück in welches
Meyer bey dieser Gelegenheit gerathen ist, indem diese seltsamen
und, man darf wohl sagen, unnatürlichen Erscheinungen ganz neu und
frisch auf seinen reinen Sinn wirkten“. Damit aber diese Bemerkung
über die gute Frau mit einem versöhnlicheren Worte schließe, sei eine
Stelle mitgetheilt, die Goethe am 30. August 1799 an Schlosser schrieb:
„Ich wünsche, daß die gute Laroche gesund und ohne physischen
Unfall nach Hause kommen möge! Alsdann ist es für ihr Alter
wirklich eine schöne Expedition die sie zurückgelegt hat. Ihr Verhältniß zu Wieland ist einzig, und sich nach so vielen Jahren
bey noch ziemlich bestehenden Geistes- und Leibeskräften wieder zu
sehen, ist ein sonderbarer und angenehmer Fall. So wie man
sagen kann, daß es auch zwey einzige Naturen sind. Ich glaube

nicht daß es, unter bedeutenden Menschen, ein schuldbloseres Paar geben kann."

Die meisten übrigen in den Briefen genannten Personen sind Frankfurter oder Fremde, die sich für kurze Zeit in Frankfurt aufhielten. Die im Folgenden zusammengestellten Personen sind, mit Ausnahme des an zweiter Stelle genannten Herrn von Bethmann, weder durch ihre Stellung noch durch ihre geistige Bedeutung besonders hervorragend. Sie nehmen auch in Goethes Leben keinen sonderlichen Platz ein. Trotzdem muß der Versuch gemacht werden, sie zu identificiren, weil sie das Gesammtbild der Umgebung vervollständigen helfen, in der sich Goethe in Frankfurt befand.

Für das Folgende sind vielfache Notizen in den Anmerkungen und den kurzen biographischen Angaben in dem Register B. Suphans, sowie die Briefe der Frau Rath, 4. Bd. b. Schriften d. Goethe-Gesellschaft, benutzt. Außerdem sind der oben erwähnte Kalender, die sonstigen Frankfurter Quellen, biographische Handbücher und Commentare zu Goethes Werken zu Rathe gezogen. Vieles Einzelne verdanke ich Herrn Dr. R. Jung. Der Bequemlichkeit halber führe ich die Namen in alphabetischer Reihenfolge an:

1. Herr Bernus, oben S. 43 Z. 2, ist ohne Vornamen schwer zu bestimmen; es kommen die drei Handelsleute: Christian David, Heinrich und Jakob B. in Betracht. Gemeint ist vermuthlich der Hausgenosse Bernus, der in den Briefen der Frau Rath zweimal als Leidensgefährte bei der Einquartirung genannt wird. (Jung.)

2. Bethmann, Simon Moritz von, (S. 42 Z. 15—19, vgl. S. 41 Z. 8) geb. 1768, gest. 1826, seit 1791 Bürger, seit 1810 verheirathet, Sohn von Johann Philipp Bethmann, der 1793 starb, nachdem er das von ihm 1748 gegründete Bankhaus zu großer Höhe erhoben hatte. Simon Moritz war einer der reichsten und bedeutendsten Bürger der Stadt. Er genoß schon in jungen Jahren großes Ansehen, so daß auch der Verkehr des damals noch nicht 30jährigen Mannes mit dem berühmten Dichter uns nicht Wunder nehmen darf. Dieses Ansehen vermehrte sich außerordentlich durch seine spätere Thätigkeit in der Napoleonischen

Zeit. Er machte sich um das Schulwesen Frankfurts sehr verdient und war seit 1799, also kurz nach dem Goethischen Besuch, für die Stadt in ihren inneren politischen Verhandlungen in Paris und Regensburg eifrig thätig.. Besonders wird auch, was für den Umgang mit Goethe gleichfalls hervorgehoben zu werden verdient, sein geselliger Tact gerühmt, der ihn befähigte, ein großes Haus zu machen, aber auch, sich in allen Kreisen, in die er kam, große Beliebtheit zu verschaffen. (Vgl. Kriegf, Geschichte von Frankfurt a. M. in ausgewählten Darstellungen, 1871. S. 525—536.)

„Aus der demnächst herauskommenden Bethmann schen Familiengeschichte (Simon Moritz v. Bethmann und seine Vorfahren, Frankfurt 1898), welche nicht in den Handel und die größere Oeffentlichkeit kommt, bemerke ich: Besitzer der Grüneburg war damals Peter Heinrich v. Bethmann-Metzler; Frau Rath hatte diesem im Febr. 1793 zwei Wiesen, eine am Ginnheimer Weg, die andere am Asmusweg verkauft; Goethes Vollmacht zu diesem Verkauf ist geschrieben im Lager bei Verdun 10. Sept. 1792. Die Bethmannsche Familiengeschichte bietet viel für Beziehungen der Familien Goethe und Bethmann, insbesondere für S. M. v. B.'s Bemühungen um das Frankfurter Goethedenkmal. Der Goetheabschnitt des Buches soll m. W. in der Festschrift des Hochstiftes zum Abdruck kommen." (Jung.)

3. Graf von Beust (S. 16 Z. 16 und S. 41 Z. 11 und 2 v. u.) wohl derselbe, der später (1811) bei dem Fürstprimas Minister war (vgl. Belli-Gontard 9, 77, 78).

4. Brentano, Franz, geb. 17. Nov. 1765, gest. 28. Juni 1844. Er war der Sohn des 1735 geborenen, 9. März 1797, also einige Monate vor Goethes Besuch gestorbenen Peter Anton Brentano, aber nicht aus dessen Ehe mit Maximiliane la Roche, sondern aus seiner ersten Ehe mit Pauline Maria Walburga Brentano. Franz heirathete im Jahre 1798 Antonie Birkenstock, mit der Goethe später, freilich erst seit 1814, in brieflicher Verbindung stand. (Herausgegeben von R. Jung, Weimar 1896). Franz hatte 1792 ein Geschäft unter seinem Namen gegründet und war 1797 Kurtrierischer Rath und Resident an Stelle seines Vaters

geworden. In dem Kalender von 1797 ist noch der Vater mit diesem Titel verzeichnet.

5. Brévillier (S. 42 Z. 16. v. u.). Im Rathskalender 1797 kommen zwei Träger dieses Namens vor: Jakob Friedrich Br., als Pfleger im Armen-, Waisen- und Arbeitshaus, und Daniel André, Aeltester der Französisch-reformirten Gemeinde. In Frage könnte auch noch Alexander Br. kommen, ein Vetter des Gontardschen Hauses, da sein Vater, der 1775 gestorbene Johann C. Br., mit Cornélie Gertrude Gontard vermählt gewesen war (vgl. Jügel, „Puppenhaus" 273, 283 und Goethe-Jahrbuch 7, 125).

6. Fleischbein von Kleeberg, Johann Daniel (S. 43 Z. 5 v. o.) wird als Mitglied der hochabligen Gesellschaft von Frauenstein bezeichnet. Er war geboren 1772, gest. 1807, Schöffe in Frankfurt 1799—1806, der einige Male in den Briefen der Frau Rath begegnet, als ihr Besucher und guter Freund bezeichnet wird.

7. Johann Ludwig Heßler (S. 42 Z. 4 v. o.) Jur. Licentiatus, geboren 30. Juni 1753, gestorben 17. Mai 1800, Rathsherr 1786, jüngerer Bürgermeister 1793, Schöffe 1797, auch Rath des Consistoriums. Er saß während Goethe's Anwesenheit noch auf der zweiten Bank des Rathes. Er, wie einige Andere gleich zu Nennende, gehörten zu Goethes Jugendfreunden. An ihn sind die drei Briefe aus Goethes Straßburger Zeit gerichtet. (W. A. Briefe I, 237, 242, 248.) Er war ebenso wie Moors 1796 mit unter den Geißeln gewesen, die erst im Dezember nach der Neutralitätserklärung Frankfurts frei kamen. An Heßler war Goethe damals dadurch erinnert worden, daß er mit dem unten zu erwähnenden Stock die Renunciationsurkunde der Frau Rath auf die Erbschaft ihres Sohnes vom 17. Juni 1797 unterschrieben hatte. (Schriften d. Goethe-Gesellschaft IV, 356.)

8. Syndikus Huth (S. 42 Z. 12 v. o.) war nicht einer der fünf städtischen Syndiker, sondern offenbar der 1769 angestellte Konsulent des 51er Kollegs (der Bürger-Repräsentation) Georg Adolf Huth, zugleich Gräflich Löwensteinisch-Wertheimischer wirklicher Hofrath. (Jung.)

9. **Frau Jaquet** (S. 42 Z. 14) „ist die Wittwe des Handelsmanns Peter Friedrich Jaquet, welcher eine Uhren-Handlung im Braunfels hatte; nach ihren Vermögensverhältnissen gehörte sie zu den oberen 10,000, denn sie zahlte die höchste Schätzung, hatte also mehr als 15,000 fl. im Vermögen. Die Namen Schirmer und Jaquet kommen in der Steuerliste (Schätzungsregister) für 1797 nur bei diesen beiden Wittwen vor." (Jung.)

Vielleicht war Frau Jaquet mit Frau Schirmer, mit der sie zusammen erwähnt wird, verwandt oder wohnte mit ihr zusammen. In Goethe's Jugendgeschichte kommt Frau Jaquet nicht vor, eine Bekannte von Frau Rath war sie, soweit aus deren Briefen ersichtlich ist, nicht. Während daher Goethe's Besuch bei Frau Schirmer ein Zeugniß seiner Pietät ist (vgl. S. 145), läßt sich für den bei der hier genannten Frau kein besonderer Grund angeben.

10. **Malz** (S. 43 Z. 14) „ist entweder Johann Albrecht Malz (so richtig), Theilhaber des Mehler'schen Bankhauses, oder Johann Georg Malz, Besitzer eines Farbwaarengeschäftes". (Jung).

11. **Matthaei** (S. 43, vorl. Zeile). Es ist wohl nicht zu zweifeln, daß unter diesem Legationsrath Mattei Karl M. gemeint ist, über dessen Schicksale und Beziehungen zu Goethe Karl Scherer, Goethe-Jahrbuch 15, 216—244, gehandelt hat. M., der sich (vgl. a. a. O.) Matthaei selbst unterschrieb, war nach unserer Stelle aus Italien, — zuletzt hatte er aus Luzern, am 25. September 1796 geschrieben —, zurückgekehrt. Da dieser Brief (a. a. O., 241 ff.) das bisher bekannte „letzte für uns greifbare Lebenszeichen des ruhelosen Wanderers" war, so kommen wir mit der Tagebuchnotiz, die seinen damaligen Aufenthalt in Frankfurt constatirt, um ein Jahr weiter.

12. **Joh. Dav. Melber** (S. 42 Z. 6), geb. 25. März 1773, gest. 11. Aug. 1824. Er hatte 1792—94 in Jena studirt und war 1796 in die Zahl der Aerzte aufgenommen worden. Er war ein Neffe der Frau Rath, ein Sohn ihrer Schwester Joh. Marie, die erst 1823 starb. Ueber seine Beziehungen zu Goethe vgl. Creizenach im Goethe-Jahrbuch, Bd. I S. 362 ff. Frau Rath suchte ihm 1803 die Stelle eines Stadt-Accoucheurs zu verschaffen, was auch gelang. Er blieb Arzt der Frau Rath bis zu ihrem Tode.

13. u. 14. Zwei andere Jugendfreunde Goethes, M o o r s
und R i e s e (oben S. 42 Z. 14, 43 Z. 11. Vgl. auch S. 3
Z. 9. Zu den Jugendfreunden gehörte auch Joh. Ab. H o r n ,
S. 43 Z. 14, mit dem Goethe auch in Leipzig zusammen gewesen
war; er starb 1806 als Kriegszeugschreiber). Wilhelm Carl Ludwig
Moors, geb. 28. August 1749, also an demselben Tage wie Goethe,
saß auf derselben Rathsbank wie Hetzler. Da er in der Goethe-
Literatur häufig genug erwähnt wird, so sei nur kurz angemerkt,
daß M., wie Frau Rath ihrem Sohne meldete, seit 1802 Stadt-
und Gerichtsschultheiß war und 1806 starb. (Der ältere Bruder
Friedrich Max, geboren 1747, war 1797 längst todt. An Letzteren sind die bekannten Stammbuchverse 1765, an Ersteren der
merkwürdige Brief vom 1. October 1766 über Goethes Liebe zu
Käthchen Schönkopf gerichtet.) Riese, der Einzige dieser Jugendfreunde, — außer Horn — der in „Dichtung und Wahrheit"
Anfang des 12. Buches characterisirt wird, stand mit Goethe
schon während dieser auf der Universität war, in eifriger Beziehung,
trat ihm jedoch nach der Rückkehr aus Straßburg besonders nahe.
Er war 1746 geboren und ist 1827 gestorben. Er bekleidete das
Amt eines Kastenschreibers (Secretärs der Armen-Verwaltung).
Goethe sah den alten Freund auch 1814 und 1815 in Frankfurt
wieder; einzelne zu verschiedenen Zeiten an ihn gerichtete Briefe
sind bekannt.

15. „Der Name „S c h i r m e r" (oben S. 42 Z. 14, vgl.
auch No. 9 Jaquet) so, statt Schmirmer, wie wirklich im Tagebuch steht, kommt in den Verzeichnissen der steuerzahlenden Bürger
und Beisassen für 1797 nur bei der am 24. Dezember 1804 verstorbenen Wittwe des Schulhalters Johann Michael Schirmer vor;
diese wohlsituirte, beinahe 80 Jahr alte Dame — sie gab ein Vermögen von 1200 fl. an — war die Wittwe des biederen Schulmeisters,
den Loeper (I. 278) für Goethes Schreiblehrer hält." (Jung.)

16. 17. S c h m i d t. (S. 41 Z. 3 v. u., S. 42 Z. 8,
l. Z., S. 43 Z. 13.) Man könnte über diese Träger eines gar häufig
vorkommenden Namens in Zweifel sein. In dem Kalender finde
ich drei angeführt: Johann Daniel Schmidt, Pfleger des Kasten-
amts, Johann Friedrich Schmied, Ausschußdeputirter des Bauamts,

K. J. W. Schmidt, Syndicus. Die beiden ersten aber kommen gar nicht, der Syndicus — „es war der 1795 ins Amt getretene jüngste Stadtsyndicus" (Jung) — nur für die eine Stelle (S. 42 Z. 8) in Betracht. An den übrigen Stellen ist Philipp Nicolaus Schmidt gemeint, Sohn des Handelsmanns Christ. Ludwig S., Handelsmann in Flachs und Farbwaaren in der Neugasse, später im kleinen Hirschgraben, geb. 1750, gest. 1823, ledig. Dies ist schon dadurch bezeugt, daß es einmal im Tgb. (20. Aug. S. 43 Z. 13) wirklich „Nicolaus" Schmidt heißt. Von ihm wird in dem fortges. Verz. Folgendes bemerkt: „Herr Philipp Nicolaus Schmidt und Herr Elias Ehrmann stifteten wegen Vermiethung und Miethung einer Wohnung 11 fl. für den Almosenkasten." Er war Mitglied des Ausschusses löblicher Bürgerschaft von 51 Personen, Lieferant und Commissionär der Frau Rath, der von ihr als „Freund in der Noth, sehr guter Freund, Hausfreund und Finanzminister" bezeichnet wird. Er interessirte sich damals vielleicht von Amtswegen für Theatersachen, in denen er 1802 sicher ein Wort mitzureden hatte. Er war 1802 in Weimar und sah dort, wie Frau Rath gleichfalls berichtet, Goethe im Theater, besuchte ihn aber nicht, worüber dieser ausdrücklich an die Mutter schrieb. (Der Brief ist freilich nicht erhalten, seine Existenz nur aus dem Tagebuch bezeugt.) Er war Mitdirector der Lotterie und auch als solcher indirect für Goethe thätig. Es ist viel wahrscheinlicher, daß dieser gemeint ist, als ein anderer, Nicolaus Schmidt, der 1815 Goethe zu einer Hochzeit abholte. ((Boisserée, I, 271.) Dieser wird als Forstmeister b. h. Mitglied des Forstamts bezeichnet, und an anderer Stelle (a. a. O. 1, 261) als „alter Schulkammerad Goethes" in Anspruch genommen. Wenn er aber damals 74 Jahre alt — also fast 10 Jahre älter als Goethe — war, so ist an dieser Schulkamerabschaft doch sehr zu zweifeln. Er spielt bei B. in der letzterwähnten Stelle eine etwas komische Figur, während die Erwähnungen unseres Schmidt im „Tagebuch" doch einen angesehenen Mann voraussetzen.

18. S c h u l e r (oben S. 42 Z. 7). Im Raths- und Staatskalender heißt es unter Militär: „III. Staats-Compagnie Georg Heinrich Cornelius S c h u l e r , Major."

19. Joachim von Schwarzkopf (oben S. 41 Z. 12, vgl. auch S. 3. Z. 6 v. u.). Er leitete, wie Reichard (oben S. 81 fg.) mittheilt, mit anderen verdienstvollen Männern das „litterarische Institut". Ferner hat er, wie Jung berichtet, in seiner 1802 erschienenen Schrift über politische und gelehrte Zeitungen .... zu Frankfurt am Mahn die oben (S. 58) erwähnten Zeitungen behandelt. Er war (Briefe, W. A. 12, S. 430) Braunschweigischer und Mecklenburg-Strelitz'scher Ministerresident beim Kur- und Rheinischen Kreise und Geheimer Legationsrath. Mit seiner schönen Frau Sophie, geb. von Bethmann, war er seit November 1796 vermählt. Ueber diese Heirath schrieb Frau Rath: „Sie (Sophie) hat durch diese Wahl viel bei mir und dem ganzen Publikum gewonnen." Frau Rath verkehrte viel bei dem jungen Paare. Sie hatte ursprünglich alle acht, später alle vierzehn Tage bei ihnen eine regelmäßige Lese-Gesellschaft, wo sie laut ihren Berichten von 1796—1804 mit ihm, „der ganz vortrefflich liest", und einer großen Anzahl anderer Personen viele Goethische und Schillersche Stücke mit vertheilten Rollen las. Daß Goethe den Herrn von Schwarzkopf schätzte, geht daraus hervor, daß er ihn 1803, da er die Oberleitung der Jenaer Allgemeinen Literatur-Zeitung übernahm, unter den in Aussicht genommenen Recensenten aufzählte (Briefe 16. S. 3. 10) und dabei bemerkte, „wäre einzuladen, werde ihn begrüßen lassen." Ob dies geschah, ist nicht bekannt. Vielleicht wurde die Sache mündlich erörtert, denn Schwarzkopf war, wie Goethe am 9. August 1804 im „Tagebuch" notirt, mit Bethmann bei ihm zum Thee und brachte von dort aus der Mutter gute Nachrichten. (Vgl. ihren Brief vom 11. October 1804.) Wie dieselbe mittheilte, schrieb er auch in Augusts Stammbuch: „und hat sich ein hübsches Andenken darinn gestiftet."

20. Handelsmann Jakob Stock, (oben S. 40 l. Z., S. 43 Z. 15), geboren 18. Dezember 1745, Rathsherr 1791, saß laut Kalender auf derselben Bank wie Hebler, wurde Schöff 1805 und starb am 8. Oktober 1808. Goethe stand mit ihm (vergl. Briefe 10, 228, 264) in brieflichem Verkehr (vgl. Strehlke, 2, 306 fg., dessen Angaben freilich mannigfacher Berichtigung bedürfen). Ihm

und seiner Frau wurde Goethe besonders dankbar verpflichtet, weil
Beide sich der Mutter liebevoll zuwendeten. Er war, wie aus den
Briefen der Frau Rath hervorgeht, bei geschäftlichen Angelegen-
heiten ihr behülflich, so daß sie schon 1794 einen Dank für ihn bei
dem Sohn auszuwirken suchte und Goethe offenbar mehr an ihn
geschrieben hat, als uns erhalten ist. Er war mit Hetzler (vgl.
oben) Zeuge bei der Verzichtleistungsurkunde der Mutter. Aufs
Neue wurde Goethe ihnen Dank schuldig durch die Art, wie sie
1808 Christiane bei ihrem Besuche Frankfurts entgegenkamen.

21. Joh. Wolfg. **Textor** (S. 42 Z. 9 v. u.), Dr. jur.
und Abvokat, Vetter Goethes, geboren 1767, Rathsherr 1802,
Schöff 1816, starb 1831. Daß er Senator werden würde, berichtete Frau Rath dem Sohne.

22. Goethes Tante Maria Margarethe **Textor**, Wwe. des
Schöffen und Senators Joh. Jost T., starb 28. Dez. 1798, 48 J.
alt (Belli-Gontard 8, 112). Sie war eine geb. Möller, 1766
getraut und Mutter des vorigen.

23. von **Brinß Berberich** (vgl. oben S. 41 Z. 13.), Frh.
Alexander, von Regensburg, katholisch, Kur-Kölnischer Kammer-
herr, Fürstl. Thurn- und Taxis'scher Geheimer Rath, sowie Kaiserl.
Reichs-Oberpostamtsdirektor und seine Gemahlin Henriette geb.
von Berberich.

24. **Wiesenhütten** (vgl. S. 43 Z. 14, ferner v. S. 45).
Gemeint ist jedenfalls nicht der hessische Geheimrath Barckhaus, genannt von Wiesenhütten, (1773, G. J. 10, S. 191), sondern F. A.
von Wiesenhütten, 1759—1823, 1798 Schöff, 1805 erster Bürgermeister. Sowohl er als seine Frau werden von Frau Rath
mehrfach erwähnt, auch als theilnehmende Freunde 1801 genannt,
als die Nachricht von Goethes Krankheit nach Frankfurt kam.

25. **Willms-Willemer** (vgl. oben S. 89). Der Letztere,
damals zum zweiten Male Wittwer, in dritter Ehe seit 1814 mit
Marianne-Suleika verheirathet, ist Goethefreunden und Frankfurtern genau genug bekannt. Er ist 1760 geboren, 1838 gestorben. Gerade damals hatte er begonnen, neben seiner großen
geschäftlichen Thätigkeit noch mit literarischen Arbeiten aufzutreten.
Seine freundschaftlichen Beziehungen zu Goethe datiren schon aus

dem Anfang der 80er Jahre, so daß es schon aus diesem Grunde merkwürdig wäre, wenn sein Name gar nicht erwähnt würde. Allerdings muß darauf hingewiesen werden, daß unter den Subscribenten von A. Kirchner, Gesch. b. Stadt Frankfurt a. M., I. Theil 1807, ein Herr Willms, ohne irgend eine nähere Bezeichnung, genannt ist, unmittelbar hinter „Willemer, bürgerl. Capitain." Von den in unserer Zusammenstellung Genannten kommen in dem Subscribentenverzeichniß ferner vor: J. Bernus; Moritz Bethmann; Brevillier, Handelsmann; Schöff von Fleischbein; Dr. Horn; Dr. Hufnagel, Minist. sen. — Auch C. Ritter, Erzieher, der später so berühmt gewordene Geograph und die Herzogl. Sachsen-Weimarische Bibliothek befinden sich unter den Subscribenten.

Außer den im Vorstehenden aufgezählten Frankfurter Persönlichkeiten werden in den Briefen und Tagebüchern wenige genannt. Der S. 16 Zeile 9 erwähnte Scherer ist Al. Nik. von Sch. Chemiker 1771—1824, ein Deutsch Russe, der in Goethes Briefen zuerst 1794 begegnet. Damals war er, wie es in einer zeitgenössischen Notiz heißt, „bei der naturforschenden Gesellschaft in Jena," 1796 hielt er Vorlesungen in Weimar. 1797 wird von ihm in den Annalen berichtet, daß er sich in Jena als „hoffnungsvoller Chemikus" zeigte. 1800 wurde er Professor in Halle, ging später nach seinem Vaterlande zurück und entschwand seitdem dem Gesichtskreis der Weimaraner. Goethe wünschte ihn in Jena zu fixiren (vgl. das Promemoria an den Herzog, Briefe XII, 167 ff.). Vermuthlich wurde er auf Kosten des Herzogs zur weiteren Ausbildung auf eine wissenschaftliche Reise geschickt, auf die in unserer Stelle angespielt wird. Von dieser Reise sprach Goethe in einem Schreiben an den Herzog, Anfang Juni 1797 (a. a. O. 123 fg.). Die Briefe Scherers von dieser Reise, die an unserer Stelle erwähnt werden, sind bisher unbekannt. Zwei andere Persönlichkeiten verdienen, da sie in Goethe's Leben eine gewisse Rolle spielen, eine kurze Besprechung: Gerning und Schuckmann.

J. J. von Gerning (o. S. 21 Zeile 7, vgl. auch S. 108) ist neuerdings in einer gerade Frankfurter Lesern nicht schwer zugäng-

lichen Schrift gewürdigt worden. In der Frankfurter Festschrift
nämlich zur Eröffnung des Goethe-Museums 1897, wurden die
ungedruckten Briefe Goethes an Gerning, 1794—1828, zum
Abdruck gebracht, von einem Bilde des Adressaten und der
Würdigung seines Lebens und Wesens begleitet. Daraus mag
nur kurz erwähnt werden, daß Gerning (1767—1837) zum
Kaufmannsstande bestimmt war, sich aber der Literatur zuwandte.
Er lebte in und bei Frankfurt, erwarb sich als Sammler und
Mäcen große Verdienste und entwickelte als Schriftsteller eine
bescheidene, nicht aufbringliche, von seinen höher gebildeten Freunden
mild geduldete, manchmal freilich auch bespöttelte literarische
Thätigkeit. Mit Goethe stand er seit 1793 in Verbindung und
war auch in dessen Vaterstadt gern und thatkräftig bemüht, zur
Verbreitung seines Ruhmes beizutragen. Gerade im Jahre 1797
war die Verbindung zwischen beiden Männern am lebhaftesten.
Gerning hatte Goethe zu einer gemeinsamen Reise nach Italien
aufgefordert, dieser hatte in mehreren Briefen die Aufforderung
nicht gerade direct abgelehnt, mußte aber in einem in jener Festschrift zuerst abgedruckten Briefe vom 3. Juli 1797 die defi-
nitive Absage schicken. Er schloß seinen Brief mit den Worten:
„Bleiben Sie den Musen treu und denken Sie manchmal an Ihre
thüringischen Freunde."

Caspar Friedrich von Schuckmann (o. S. 10),
geboren 25. Dezember 1755, gestorben 17. September 1834,
war am Anfang der neunziger Jahre Rath bei der Regierung
in Schlesien und wurde später preußischer Minister. Als Mensch
und als Beamter gefiel er Goethe so sehr, daß ersterer ihn in
des Herzogs Auftrage 1791 dringend aufforderte, als Geheimrath in Weimarische Dienste zu treten, eine Aufforderung, der
Schuckmann nicht entsprach. Zur Anknüpfung und Festigung
der Bekanntschaft Goethes und Schuckmanns diente der Umstand,
daß Beide mit dem Musiker und Schriftsteller J. Fr. Reichardt
gut bekannt waren. In einigen an Letzteren gerichteten Briefen
Goethes aus diesem Jahre und den folgenden heißt es z. B.:
Ihr Freund Sch. ist mir sehr lieb geworden" oder: „Ihr Freund,
den ich von Herzen liebe und ehre."

Daß dieſe Auffaſſung Goethes auch ferner dauerte, lehrt unſere Stelle, die durch eine ſehr lebhafte Würdigung Schuckmanns durch Knebel hervorgerufen wurde. Aber auch ſpäter, wie die Briefe an Zelter beweiſen, blieb Goethe mit Schuckmann in einem angenehmen Verhältniß und verfehlte nicht, wo ſich Gelegenheit bot, ihn zu begrüßen und ſeiner freundlich zu gedenken.

Will man jedoch einen vollen Begriff des Frankfurter Auf-enthalts gewinnen, ſo muß man nicht blos erwägen, was und über wen Goethe berichtete, ſondern auch das, was er empfing und wem er ſchrieb. Leider iſt es uns verſagt, die in Frankfurt empfangenen Briefe mitzutheilen; der Inhalt dieſer Briefe ergiebt ſich ja freilich zumeiſt aus den oben abgedruckten Antworten. Ueber die Abreſſaten jener Briefe iſt ein Wort zu ſagen.

Deutlicher nämlich als zu irgend einer anderen Zeit kann man aus Goethes damaligen Briefen die Art erkennen, in der er ſich an Perſonen verſchiedenen Weſens und ungleicher Stellung wandte. Es waren damals hauptſächlich fünf:

Der Herzog, Voigt, Schiller, Meyer, Chriſtiane.

Man kann die an die Genannten gerichteten Briefe kurz etwa ſo characteriſiren:

An den Herzog ſchrieb er als Untergebener über allgemeine öffentliche Zuſtände; an Voigt als Collega über amtliche Ver-hältniſſe mit Dank für deſſen Unterſtützung; an Schiller als Ge-ſinnungsgenoſſe über eigene und fremde dichteriſche Verſuche und äſthetiſche Fragen; an Meyer als Freund über die Beiden ge-meinſchaftlichen künſtleriſchen Intereſſen und über die Annehmlich-keit, ja Nothwendigkeit eines Zuſammenlebens; an ſeine Frau als guter Hausvater über Häusliches und über das Kind.

Mit dieſer kurzen Characteriſtik dürfen gerade dieſe fünf Hauptcorreſpondenten verlaſſen werden; denn es hieße denen, die ſich irgendwie mit Goethe beſchäftigt haben, ein Unrecht anthun, wollte man verſuchen, die beiden Männer, die in Goethes Leben eine ſo wichtige Rolle ſpielen, wie Herzog Karl Auguſt und Schiller, näher zu characteriſiren. Der Dritte, Heinrich Meyer, Goethes Kunſtorakel, der, trotz ſeines maßgebenden Einfluſſes, ſich nicht blos ſtiliſtiſch corrigiren, ſondern auch in Anſichten, ja in

seiner ganzen wissenschaftlichen Anschauung bestimmen ließ, ein
Mann, den man sich am liebsten als einen Goethes Kunst-
sammlungen still und verständnißvoll Mitgenießenden denkt, ist
oben so mannigfach erwähnt, daß eine weitere Besprechung unnöthig erscheint.

Die beiden letzten Abressaten unserer Briefe sind erst jüngst,
der Eine in seinem Wirken, die Andere in ihren Beziehungen zu
Goethe von mir selbst ausführlich geschildert worden (Vgl. Aus
Alt-Weimar 1897 Seite 239 — 294 und Goethe-Jb. Band 20,
Frankfurt 1899, S. 75 — 83), so daß ich mich in einer nochmaligen
Darstellung nur wiederholen könnte. Der Leser sei daher auf die
oben erwähnten Beschreibungen verwiesen. Nur darauf mag besonders hingewiesen werden, in wie hübscher Weise, die Sorglich-
keit des Gatten und Vaters Christianen gegenüber sich kundgiebt,
mit welcher Herzlichkeit der Gatte der Abgereisten die Versicherung
seiner Liebe giebt und sie des guten Eindrucks versichert, den sie
auf die Frankfurter gemacht habe. Auch die scherzhafte Art, in
der Goethe sie warnt, die ankommenden Seeschnecken nicht für
eine Eßwaare zu halten, bedeutet nicht etwa eine verletzende
Spötterei, sondern eine liebevolle Schonung ihrer Unwissenheit.

Zwei andere Correspondenten, Cotta und Rapp (oben S. 37
fg.), können deswegen kurz abgemacht werden, weil die an sie gerichteten Briefe eigentlich nur Laufzettel, Ankündigungen der dem-
nächstigen Ankunft in Stuttgart sind. Beide waren begüterte,
intelligente Kaufleute; der Letztere als Mäcen, der Erstere als
Verleger der Klassiker, aber auch als Politiker weit über den engen
Kreis seiner Berufsgenossen hinaus bekannt.

Die vier übrigen Abressaten, Bödmann, Kirms, Knebel,
Böttiger, (Sömmerring als Frankfurter Freund ist oben schon
ausführlich behandelt) sind Männer sehr verschiedener Art. Von
ihnen spielt Johann Lorenz Bödmann (vgl. den Brief oben
S. 38 fg.) in Goethes Leben die geringste Rolle. Er war am
8. Mai 1741 geboren, wurde Hofrath und Professor der Mathe-
matik und Naturlehre am Gymnasium zu Karlsruhe, 1798 Geheimer Hofrath und starb am 15. Dezember 1802. An ihn
hatte Goethe schon am 14/15. November 1774 geschrieben, fast

ausſchließlich über Eislauf und Schlittſchuhe. Nur zum Schluß
jenes Briefes hatte er eine Bitte um Ueberſendung des Satyros
hinzugefügt. Bödmann war ein Belannter Klopſtocks und durch
dieſen auch Goethe zugeführt worden. Wie weit Letzterer die
literariſchen Arbeiten des ſeit 1762 als Schriftſteller und Ueber-
ſetzer ſehr thätigen Mannes würdigte, iſt nicht belannt, ebenſo-
wenig eine Aeußerung über die 1794 geſchriebene und nach Weimar geſendete Schrift „Verſuch über Telegraphie — (ſo bei Meu-
ſel I, S. 345, doch jebenfalls Druckfehler für Telegraphie) und
Telegraphen, nebſt der Beſchreibung und Vereinfachung des fran-
zöſiſchen Telegraphen und der Anzeige einiger von ihm vorge-
ſchlagenen neuen Methoden. Mit Kupfern. Frankfurt 1794.
II. 8. —“.

Vermuthlich hatte Bödmann Apparate dazu in einem Käſtchen
geſchickt, das er bei einem für 1796 geplanten aber wegen der
Kriegsunruhen unterbliebenen Beſuche abholen wollte. Goethe hatte
ſchon vor ſeiner Abreiſe notirt (Tgb. II, 77, 31. Juli), daß an
den Carlsruher Belannten zu ſchreiben ſei. Es war unterlaſſen
worden; der ohne Antwort Gebliebene meldete ſich ſelbſt und
Goethe bat nun ſeinen Amtsgenoſſen Voigt um Rückſendung des
Käſtchens (o. S. 39 Z. 12 v. u. ff.) und kam am 26. September (W. A. 12, 317) nochmals darauf zurück.

Kirms (S. 30 ff.) war Goethes rechte Hand in Theater-
dingen, ein fleißiger, gewiſſenhafter Arbeiter, dem freilich ein
eigenes Urtheil in literariſchen Dingen ebenſo abging, wie die
unbedingte Anhänglichkeit an den Goethekreis, mit dem er ſich
innerlich hätte verwandt fühlen ſollen. Von ſeiner kleinlichen,
gewöhnlichen Menſchen häufig anhaftenden Luſt, über die ſtimm-
führenden Männer in Weimar Klatſchereien zu berichten und ſich
gerade über den aufzuhalten, mit dem er in dienſtlicher Beziehung
ſo eng verbunden war, giebt es viele Zeugniſſe. Einzelne ſind
auch jüngſt in dem Buche „Aus Alt-Weimar“ wiedergegeben.
Für den obigen Brief iſt kurz daran zu erinnern, daß die Truppe
des Weimater Theaters, wie bereits früher angebeutet, während
des Sommers in verſchiebenen Weimar benachbarten Städten, wie
Lauchſtädt und Rubolſtadt, Vorſtellungen gab. Die Differenzen mit

Rudolstadt bezogen sich auf die von dort aus zu zahlenden Trans-
portkosten für die Weimarer Schauspieler und die Utensilien der
ganzen Gesellschaft. In Lauchstädt spielte man seit 1791 in einem
zum Theater nothdürftig eingerichteten Schuppen. Ein Bedürfniß
für ein neues Gebäude hatte sich bei diesen Umständen von vornherein gezeigt. Die Studenten nannten das Gebäude Schafhütte.
Regisseur Becker stieß 1799 sehr bewegliche Klagen aus, trotzdem
wurde erst 1802 der Neubau durchgesetzt zu dessen Einweihung
Goethes Festspiel „Was wir bringen" diente.

Von der Reise Kirms' ist nichts Genaueres bekannt; sie galt
jedenfalls dem Engagement von Schauspielern. Unter den „Neuangekommenen" (oben S. 31) könnte man Mad. Schlanzowsky verstehen (vgl. Notizen aus Pasqué, Goethes Theaterleitung II, 293,
310, 313), die am 16. Aug. 1797 in Lauchstädt als Sophie in
„Die Aussteuer" auftrat und in Weimar, 24. Sept., als Ophelia in
„Hamlet" debütirte, 1800 fortging; unter den „Verschriebenen" das
Ehepaar Hunnius: er 23. Sept. als Schulz in „Das rothe Käppchen",
sie 25. Sept. als Königin in „Lila"; — auch sie gingen schon
Ostern 1799 fort, oder Demois. Tilly, auch eine recht vorüberge-
hende Erscheinung, denn sie blieb nur vom 1. Okt. 1797 bis
Ende Febr. 1798; der Wunsch Goethes ging also durchaus nicht
in Erfüllung.

Der Dritte, K. L. von Knebel (oben S. 9 ff.), ist als
Goethes ältester Weimarer Freund bekannt genug. Er gehörte
zu denen, die sich in Weimar und dessen Umgebung niemals
recht glücklich fühlten und doch die kleine thüringische Stadt nicht
entbehren konnten. Er war damals nach Bayreuth gezogen, wo
er größere Ruhe, wohl auch ein einträgliches, aber wenig Pflichten
auferlegendes Amt zu finden hoffte, kehrte aber schon Anfang Januar
1798 nach Thüringen zurück. Wenn Goethe S. 9 Z. 11 v. u.
sich auf das beruft, was Knebel über die Veränderung des Zustandes eines Reisenden sagt, so bezieht er sich damit auf Stellen,
in denen K. (Bayreuth, 25. Juli 1797) den Gegensatz seiner
Reiseerfahrungen mit der Stimmung andeutet, die ihn in Weimar
beherrscht hatte.

Auch für den an letzter Stelle genannten K. A. Böttiger
(vgl. oben S. 19—21, ſ. auch S. 11 Z. 18) gilt das bei Einzelnen
vorher Bemerkte: ihm iſt in dem mehrfach angeführten Buche
„Aus Alt-Weimar" eine ausführliche Würdigung zu Theil geworden.
Hier muß nur daran erinnert werden, daß B. bei der Drucklegung
des Goethiſchen Epos, bei der Beſorgung eines Verlegers mit
thätig war und daß er damals noch wegen ſeiner archäologiſchen
Kenntniſſe von Goethe geſchätzt und mit mannigfachen Aufträgen
beehrt wurde. In Folge deſſen iſt der Ton unſeres Briefes
durchaus freundſchaftlich, beſonders auch das Compliment, das
ihm wegen der Bekanntheit ſeines Namens gemacht wird. Die
Schrift, um die es ſich in unſerem Briefe handelt, führt den
Titel „Griechiſche Vaſengemählde mit archäologiſchen und artiſtiſchen
Erläuterungen der Originalkupfer. 3 Hefte", von denen das erſte
in Weimar 1797 erſchienen war. Die Stelle aus Meyers Brief,
die oben S. 20 I. Z. nur mit den Anfangsworten angedeutet iſt,
lautet nach W. A. 12, 435 folgendermaßen:

„Ueber eine Stelle Ihrer Schrift, wo nämlich geſagt wird,
„man könnte vielleicht einen ſchlafenden jungen Herkules bilden
wie er von Schlangen umwunden wird, deſſen Geſtalt und Ruhe
uns aber zeigte was wir von ſeinem Erwachen zu erwarten
hätten," kann ich Ihnen etwas ſagen worüber Sie zufrieden ſein
werden. Es iſt ein Junger Herkules zu Florenz vorhanden, zwar
nicht ruhend ſondern wie er die Schlangen mit ſeinen Händen
erwürgt. Der Künſtler dieſes Werkes kan neben dem Urheber des
Laokoon ſeinen Platz einnemmen . . . . Beym Laokoon iſt der Gegenſtand tragiſch, bey dem Jungen Herkules von der ſpielenden Seite
genommen, es bleibt bei jenem kein Zweifel übrig, die Schlangen
werden ihn gewiß nebſt ſeinen Söhnen töden, der Junge Herkules
ſpielt hingegen nur und man iſt ſicher daß der gewaltige Knabe
keinen Schaden nimmt. Wir haben wenig Kunſtwerke die ſo weit
vorausgreifen wie dieſes, man ſieht den ganzen künftigen Helden
im Werden . . . ."

Ueberblickt man das Obengesagte, so wird man freilich erkennen, daß Goethes Aufenthalt in seiner Vaterstadt vom 3. bis
25. August 1797 nicht zu seinen wichtigsten Lebensabschnitten gehört. Aber man wird andererseits zugeben, daß es für ihn eine
Zeit der Ruhe und Sammlung, der stillen, eifrigen Arbeit war.
Man könnte sagen, mit dem J. 1797 beginnt eine neue Periode
in Goethes Leben. Wenn die Flucht (mit dem Herzog) im J.
1779 eine Emanzipation des Fürsten, die Flucht nach Italien 1786
die geistige und künstlerische Selbstbefreiung des Dichters bedeutete,
so möchte man jene mehrmonatliche Reise nach Süddeutschland
und der Schweiz als das Abstreifen der jugendlichen Stimmung,
als Beginn der contemplativen Periode, als Anfang des Alters
bezeichnen.

Goethe fing an, sich in Selbstschau zu gefallen. Er entwickelte gerade während dieser Wochen eine ungeheure Vielseitigkeit.
Politik und Stadtverwaltung, die bildende Kunst in ihren ver-
schiedenartigsten Aeußerungen, Theater und Literatur, Naturwissenschaft und Medizin, Menschen und Dinge, Gegenwart und Ver-
gangenheit, die lebhafte Vaterstadt, von der er ausgegangen,
die kleine Landstadt, in der er heimisch geworden war, fesselten
gleichmäßig seinen Blick. Er, dem das Größte im Reiche des
Geistes nicht zu groß war, wendete liebevoll seine Aufmerksamkeit
auch dem Kleinen zu.

Darum durfte diese Schrift, die der Erinnerung an den
mehrwöchentlichen Aufenthalt des Dichters an seinem Geburtsort
gewidmet und zugleich als Huldigung zum 150. Geburtstag Goethes
bestimmt ist, sich nicht scheuen, auch das Kleine und Kleinste zu
berühren. Sie will nur ein bescheidener Commentar zu einem
kleinen Abschnitt aus Goethes Leben sein. Sie vermeidet innerlich
und äußerlich alles Festgepränge, aber sie möchte gerade durch die
gewissenhafte Darstellung eines Bruchtheils einen Beitrag geben
zur Würdigung und Erkenntniß eines unserer Größten und Besten.

www.ingramcontent.com/pod-product-compliance
Lightning Source LLC
Chambersburg PA
CBHW022359020726
47500CB00002B/352